Augsberg/Büßer

Der Kurzvortrag im Ersten Examen
Zivilrecht

Der Kurzvortrag im Ersten Examen Zivilrecht

von

Dr. Steffen Augsberg
Wissenschaftlicher Assistent
Universität zu Köln

und

Dr. Janko Büßer
Richter am Landgericht, Hamburg

2. Auflage

Verlag C. H. Beck München 2011

Verlag C. H. Beck im Internet:
beck.de

ISBN 978 3 406 62099 7

Wilhelmstraße 9, 80801 München
Druck: Nomos Verlagsgesellschaft
In den Lissen 12, 76547 Sinzheim

Satz: DTP-Vorlagen des Autors

Gedruckt auf säurefreiem, alterungsbeständigem Papier
(hergestellt aus chlorfrei gebleichtem Zellstoff)

Vorwort

Im Zuge der Reform der Juristenausbildung haben sieben Bundesländer (Berlin, Brandenburg, Hamburg, Niedersachsen, Nordrhein-Westfalen, Sachsen, Sachsen-Anhalt) einen sog. Kurzvortrag zum Gegenstand des mündlichen Teils der staatlichen Pflichtfachprüfung im Ersten Examen gemacht. Damit wird die mündliche Prüfung im Referendarsexamen derjenigen im Assessorexamen angenähert. Gleichwohl bestehen Besonderheiten gerade des Vortrags im Ersten Examen.

Das vorliegende Buch soll deshalb bei der Vorbereitung auf diesen Kurzvortrag Hilfestellung leisten. Zu diesem Zweck werden im ersten Teil die methodischen Grundlagen der zivilrechtlichen Fall- und Themenbearbeitung dargestellt und Hinweise zur Präsentation gegeben, deren Umsetzung dann anhand der Aufgaben im zweiten Teil eingeübt werden kann. Die hierfür ausgewählten Fälle und Themen können naturgemäß bei weitem nicht alle erdenklichen Fragestellungen ansprechen; sie sind beispielhafter Natur. Gleichwohl vermitteln bzw. wiederholen sie eine Reihe von grundlegenden Problemen des Zivilrechts in materieller und prozessualer Hinsicht. Vor allem aber bieten sie eine Hilfestellung bei der selbständigen Übung. Lesen allein ist hier zu wenig; die Vorträge sollen gehalten werden.

Diesem Charakter als Lernbuch entsprechend ist der wissenschaftliche Fußnotenapparat auf das Notwendigste, insbesondere die Nachweise einschlägiger Lehrbücher und Kommentare sowie höchstrichterlicher Judikate, beschränkt. Er enthält zudem ebenso wie die Literaturübersichten bei jeder Aufgabe Hinweise auf weiterführende bzw. vertiefende Literatur, wobei der Schwerpunkt auf der neueren Ausbildungsliteratur liegt.

Die erste Auflage des Buches ist erfreulicherweise sehr positiv aufgenommen worden. Für die Neuauflage wurde der Text noch einmal durchgesehen, in Teilen ergänzt und gestrafft; zudem wurden, soweit erforderlich, die Nachweise aktualisiert. Für Anregungen und auch für Hinweise auf nicht durchweg vermeidbare Fehler per E-Mail sind wir weiterhin dankbar (augsberg@gmx.de).

Hamburg, Februar 2011 *Steffen Augsberg/Janko Büßer*

Inhaltsverzeichnis

Abkürzungsverzeichnis

a.A.	andere(r) Auffassung
Abs.	Absatz
Aufl.	Auflage
BayObLG	Bayerisches Oberstes Landesgericht
BGB	Bürgerliches Gesetzbuch
BGH	Bundesgerichtshof
bzw.	beziehungsweise
ders.	derselbe
d.h.	das heißt
f., ff.	folgende
GbR	Gesellschaft bürgerlichen Rechts
h	Stunde
Hrsg.	Herausgeber
JA	Juristische Arbeitsblätter
Jura	Juristische Ausbildung
JuS	Juristische Schulung
JZ	Juristenzeitung
KG	Kommanditgesellschaft
m.w.N.	mit weiteren Nachweisen
Min.	Minuten
NJW	Neue Juristische Wochenschrift
oHG	offene Handelsgesellschaft
OLG	Oberlandesgericht
Rn.	Randnummer

Literaturverzeichnis

Baumbach/Hopt/Merkt Handelsgesetzbuch, 34. Aufl. München 2010

Bydlinski Juristische Methodenlehre und Rechtsbegriff, Wien 1982

Gast Juristische Rhetorik, 4. Aufl. Heidelberg 2006

Haft Juristische Rhetorik, 8. Aufl. Freiburg 2009

Jauernig Bürgerliches Gesetzbuch, 13. Aufl. München 2009

Larenz/Canaris Methodenlehre der Rechtswissenschaft, 3. Aufl. Berlin 1995

Medicus/Petersen Bürgerliches Recht, 22. Aufl. Köln 2009

Münchener Kommentar zum Bürgerlichen Gesetzbuch Band 1/1, 5. Aufl. München 2006; Band 2, 5. Aufl. München 2007; Band 6, 5. Aufl. München 2009; Band 8, 5. Aufl. München 2008

Musielak Kommentar zur Zivilprozessordnung, 7. Aufl. München 2009

Palandt Bürgerliches Gesetzbuch, 70. Aufl. München 2011

Staudinger Bürgerliches Gesetzbuch, Buch 3: Sachenrecht (Neubearbeitung 2004, 2007); Buch 5: Erbrecht (Neubearbeitung 2004)

Thomas/Putzo Zivilprozessordnung, 31. Aufl. München 2010

Wagner Grundlagen der mündlichen Kommunikation, 8. Aufl. Regensburg 1999

Zöller Zivilprozessordnung, 28. Aufl. Köln 2010

Kapitel 1. Grundlagen

§ 1. Zum Umgang mit diesem Buch

Mit der Reform der Juristenausbildung[1] wurde nicht nur das universitäre Studienprogramm umgestaltet und das Erste Juristische Staatsexamen um einen zusätzlichen, den einzelnen Fakultäten überantworteten Prüfungsteil in sog. Schwerpunktbereichen erweitert. Auch die Anforderungen hinsichtlich des staatlichen Examensteils haben sich gewandelt, und zwar nicht allein hinsichtlich der Zusammenstellung und Anzahl der Klausuren, sondern auch mit Blick auf die abschließende mündliche Prüfung. 1

Die Gründe hierfür sind schnell benannt: Eines der Hauptziele der Reform liegt darin, die Ausbildung stärker auf die spätere berufliche Tätigkeit hin auszurichten. Dem dient neben einer verstärkten Spezialisierungsmöglichkeit schon im Studium vor allem die Stärkung der sog. Schlüsselqualifikationen. Es ist insoweit nur folgerichtig, wenn diese arbeitsmarktorientierte Sichtweise auch auf den Prüfungsabschnitt durchschlägt und namentlich der mündlichen Leistungsfähigkeit gegenüber der schriftlichen ein zusätzliches Gewicht eingeräumt wird. Denn sowohl in der Anwaltschaft als auch in der Justiz – um nur die beiden ganz klassischen juristischen Betätigungsfelder zu nennen – kommt der professionellen, fach- und sachgerechten Präsentation der eigenen Lösungsvorschläge erhebliches Gewicht zu.[2] 2

Natürlich lassen sich komplexere Sachverhalte am besten oder doch leichter in schriftlicher Form darstellen. Dennoch wird regelhaft eine mündliche Erörterung jedenfalls nicht vollständig ausgeschlossen sein. Selbst bei einfacheren Fallkonstellationen wird man insoweit allerdings bei der gebotenen realitätsnahen Betrachtung anzunehmen haben, dass die betroffenen Berufsträger keinesfalls völlig unvorbereitet in eine Besprechung, Verhandlung o.ä. gehen, sondern sich auf ein im Vorhinein überlegtes und gegebenenfalls jedenfalls in den Grundzügen schriftlich fixiertes Konzept stützen. 3

---

[1] Dazu etwa *Gilles/Fischer*, NJW 2003, 707 ff.; *Hommelhoff/Teichmann*, JuS 2002, 839 ff.; *Kessler*, JA 2003, 712 ff.; *Windel*, Jura 2003, 79 ff.

[2] Vgl. *Dylla-Krebs*, NWVBl. 2003, 369 (371).

4 Dies verdeutlicht, warum die klassische mündliche Prüfung, in der die Kandidaten[3] ohne längere Vorbereitungszeit auf ihr Präsenzwissen hin abgefragt werden, insoweit nicht unbedingt praxisnah und folglich durchaus ergänzungsbedürftig ist. Dementsprechend werden im Rahmen des Zweiten Examens (sog. Assessorexamen) schon seit jeher die mündlichen Prüfungsgespräche durch sog. Aktenvorträge ergänzt, bei denen die Kandidaten eine gewisse Vorbereitungszeit erhalten, um einen zugewiesenen Aktenauszug einer sodann mündlich zu präsentierenden Lösung zuzuführen. Hierzu ist bereits eine recht große Anzahl an Ausbildungsliteratur erhältlich.[4]

5 Die Menge einschlägiger Ausbildungshilfen in diesem Bereich veranschaulicht treffend, dass diese besondere Prüfungssituation keineswegs von vornherein mit einer „mündlichen Klausur" gleichgesetzt werden darf, sondern spezifische Anforderungen stellt und mithin eine spezifische Vorbereitung voraussetzt. Und tatsächlich lassen sich charakteristische Besonderheiten ausmachen, die ein besonderes „Training" verlangen. Wegen der abweichenden Zielsetzung hinsichtlich des Prüfungsinhalts bilden indes die zum Assessorexamen erhältlichen Publikationen kaum eine sinnvolle Hilfestellung für den Vortrag im Ersten Examen. Für diesen kommt es darauf an, die allgemeinen Anforderungen an einen mündlichen Vortrag mit denjenigen Sachanforderungen zu verbinden, die gerade im Ersten Examen von den Kandidaten erwartet werden.

6 Letzterem dient dieses Buch. Es soll zum einen in einem einführenden ersten Teil (§§ 2-3) mit den rechtlichen Grundlagen der neuen Prüfungssituation vertraut machen und eine allgemeine Einführung in die Spezifika einer mündlichen juristischen Falllösung bzw. Themendarstellung leisten.

Hierauf aufbauend kann sodann in einem zweiten Teil das eigentliche Training in Angriff genommen werden. Zu diesem Zwecke enthält das Buch in Teil 2 vierzehn verschiedene, auf ihre Praxisnähe hin abgestimmte und beispielhaft ausgesuchte Vortragsgestaltungen. Deren Lektüre ersetzt selbstredend nicht die erforderliche intensive Auseinandersetzung mit dem nach den jeweiligen Landesjustizausbildungsge-

---

[3] Hier wie im Folgenden sind mit der nur aus Gründen der Leseerleichterung verwendeten männlichen Form natürlich auch die Kandidatinnen gemeint.

[4] Z.B. *Jäckel*, Der zivilrechtliche Aktenvortrag im Assessorexamen, 2. Aufl. 2010; *Janssen*, Der Aktenvortrag im Öffentlichen Recht, 3. Aufl. 2008; *Schmitz*, Der Aktenvortrag im Strafrecht, 3. Aufl. 2008; *Pagenkopf/Pagenkopf/Rosenthal*, Der Aktenvortrag im Assessorexamen, 4. Aufl. 2010. Für das erste Examen ist bislang erschienen *Pagenkopf/Rosenthal/Rosenthal*, Der Vortrag im 1. juristischen Examen, 2007.

setzen vorgegebenen Lernstoff für das Erste Examen. Die Zusammenstellung der Fallgestaltungen bzw. thematischen Fragestellungen gewinnt ihren ordnenden Zusammenhang daher nicht aus dem Versuch, in Kurzform ein Repetitorium der wichtigsten examensrelevanten Probleme zu leisten – auch wenn selbstverständlich die angesprochenen Problemkonstellationen sämtlich examensrelevant sind. Vielmehr geht es uns vor allem darum, exemplarisch typische Aufgabenstellungen aufzunehmen, anhand derer die für die meisten Studenten noch weitgehend bis völlig ungewohnte Situation eines mündlichen Vortrags eingeübt werden kann.

Damit ist auch klar, dass sich das vorliegende Werk nicht als auf 7
bloße Wissensvermittlung hin angelegtes Lehrbuch im klassischen Sinne versteht, das den Leser weitgehend in einer passiven Rolle belässt. Vielmehr soll es gerade in seinem zweiten Teil als auf Interaktion angelegtes Übungsbuch genutzt werden. Wer an das eigenständige Lernen und Arbeiten gewöhnt ist, kann bzw. sollte daher zunächst nur die Aufgabenstellung lesen, auf deren Basis in der festgelegten Zeit sich an der Skizzierung einer Lösung versuchen, sodann den Vortrag halten und ihn nachträglich mit dem hier vorgeschlagenen vergleichen.

Besser und einfacher dürfte es aber sein, sich mit mindestens einem weiteren Kommilitonen in Übungsgemeinschaften wechselseitig zu überhören und gegebenenfalls zu korrigieren. Dabei kann es durchaus sinnvoll sein, wenn zweimal oder sogar öfter derselbe Fall von unterschiedlichen Personen verwandt wird. Denn die vorgetragene Lösung wird nie vollständig identisch sein, und gerade in der vergleichenden Perspektive werden mitunter die eigenen Defizite, aber auch die persönlichen Stärken erst recht deutlich.

Vor diesem Hintergrund versteht sich, zum einen, von selbst, dass 8
erst ganz am Ende eines derartigen Lernprozesses der Abgleich mit den vorgegebenen Lösungshinweisen stehen sollte. Es folgt daraus aber auch, zum zweiten, dass letztere keine absolute Zielvorgabe beinhalten.

Die hier abgedruckten einzelnen Vortragsgestaltungen verstehen sich dementsprechend auch keineswegs als die einzig richtige Herangehensweise. Es sind vielmehr bloße Vorschläge, die aus didaktischen Gründen zudem tendenziell so ausführlich und lang sind, dass sie sich in dieser Form im vorgegebenen Zeitrahmen kaum verwirklichen lassen dürften. Eine einhundertprozentige Umsetzung ist ebenso wenig verlangt wie sie überhaupt erstrebenswert erscheint. Völlig verfehlt wäre es daher z.B., sich der langwierigen und mühsamen Anstrengung zu unterziehen, einzelne Passagen oder gar ganze Abschnitte auswendig zu lernen. Das schließt es zwar nicht aus, gegebenenfalls einzelne, als besonders gelungen erachtete Formulierungen zu übernehmen.

Allgemeines Ziel sollte es aber lediglich sein, sich in Annäherung an die hier vorgelegten Beispiele um eine klar strukturierte und sprachlich wie sachlich präzise Auseinandersetzung mit den in der Aufgabenstellung angelegten Problemen zu bemühen.

9 Die eine richtige Lösung, die perfekte Formulierung gibt es hier nicht; stattdessen ist es Aufgabe jedes einzelnen Prüflings, die über Jahre hinaus aufgebauten und daher allenfalls mit größtem Aufwand wegzutrainierenden persönlichen Sprechgewohnheiten in eine juristisch saubere und gut verständliche Vortragsweise zu integrieren.[5] Nur wer sich nicht als ein anderer gibt, als er ist, wird typischerweise sicher auftreten können, und auf den sicheren und bestimmten Auftritt kommt es gerade an dieser Stelle besonders an. Noch stärker als in der schriftlichen dürfte bei der mündlichen Präsentation zutreffen, dass die Art und Weise, in der eine bestimmte (schlimmstenfalls: grob falsche) Lösungsvariante vorgestellt wird, entscheidenden Einfluss auf die Endnote besitzt.

10 Das bedeutet dann zwar nicht unbedingt, dass eine in sich unstimmige und unlogische Argumentation nur deshalb akzeptiert wird, weil der Vortragende besonders souverän agiert (bzw. richtiger: zu agieren scheint). Sehr wohl allerdings kann eine unsichere, mit brüchiger Stimme leise und hastig „heruntergerasselte" Präsentation zu (erheblichen) Punktabzügen führen, selbst wenn die gegebene Lösung an sich nicht zu beanstanden ist. Auch deshalb sollte nicht nur das Lernprogramm nicht bereits mit der Lektüre dieses Buches für abgeschlossen erklärt werden, sondern um die beschriebenen Übungselemente ergänzt werden. Wann immer möglich, sollte zudem die von den Universitäten teilweise angebotene Gelegenheit zu einer simulierten mündlichen Prüfung wahrgenommen werden.

11 Dergestalt vorbereitet, sollte der Vortrag im Ersten Examen weniger als bedrohlich empfunden denn als eine echte Chance genutzt werden. Für die meisten Prüflinge dürfte es sich ohnehin eher vorteilhaft auswirken, vorab eine gewisse Zeit über die eigene Lösung nachdenken zu können, diese also nicht ad hoc entwickeln zu müssen. Sie können infolge der zugewiesenen Bedenkzeit auch schon alternative Szenarien gedanklich durchspielen und sind damit eher imstande, auf potentielle Einwände der Prüfer adäquat zu reagieren. Es entfällt insoweit auch der zusätzliche Druck, den Antworten der anderen Kandidaten folgen zu müssen, um so die Anschlussfähigkeit der eigenen Ausführungen an das laufende Prüfungsgespräch sicherzustellen. Schließlich und vor allem gewährleistet der Vortrag eine erhöhte Prüfungsgerechtigkeit, weil alle Kandidaten mit derselben Aufgabenstellung konfrontiert werden und in derselben Zeit einen als Vergleichsmaßstab tauglichen Lösungsvor-

[5] Dazu noch im Einzelnen unten Rn. 50 ff.

schlag anbieten. Niemand muss also befürchten, an einer besonders ungünstigen Stelle befragt oder aber insgesamt zu wenig berücksichtigt zu werden. Alle Kandidaten haben zudem an dieser Stelle Gelegenheit, anders als im anschließenden Prüfungsgespräch die eigenen Gedanken über einen längeren Zeitraum hinweg zu entwickeln und darzustellen.

Das Erlernen der korrekten methodischen Vorgehensweise gelingt typischerweise nicht ohne Fallbezug, sondern setzt eine intensive Anwendung des Gelesenen voraus. Sie sollten daher Ihre Fähigkeiten an Fallbeispielen trainieren und dabei möglichst gemeinsam mit Kommilitonen bewusst an vorhandenen Fehlern arbeiten. Die Mühe lohnt sich! 12

§ 2. Rechtliche Grundlagen der Kurzvorträge

Die folgenden Bundesländer haben ihre Justizausbildungsgesetze bzw. -verordnungen so umgestellt, dass auch im ersten Examen ein mündlicher Vortrag zu halten ist: 13

– Berlin
– Brandenburg
– Hamburg
– Niedersachsen[6]
– Nordrhein-Westfalen
– Sachsen-Anhalt
– Sachsen[7]

[6] In Niedersachsen ist die bis 2009 bestehende Anforderung eines Kurzvortrags mit dem Gesetz zur Änderung des niedersächsischen Juristenausbildungsgesetzes vom 27. August 2009 (Nds. GVBl. S. 348) gestrichen worden; entsprechende Schlüsselqualifikationen (wie Verhandlungsmanagement, Gesprächsführung, Rhetorik, Streitschlichtung, Mediation, Vernehmungslehre und Kommunikationsfähigkeit) sollen demnach bereits frühzeitiger im Studienverlauf geprüft werden. In einer Übergangsphase besteht jedoch (noch) ein Wahlrecht der Kandidaten.

[7] In Sachsen besteht eine Besonderheit dergestalt, dass nach § 26 SächsJAPO die mündliche Prüfung mit einer „Prüfungsleistung im Bereich der Schlüsselqualifikationen (wie Verhandlungsmanagement, Gesprächsführung, Rhetorik, Streitschlichtung, Mediation, Vernehmungslehre und Kommunikationsfähigkeit)“ beginnt. Auch insoweit handelt es sich aber der zunächst gewöhnungsbedürftigen Bezeichnung zum Trotz um einen Vortrag im hier interessierenden Sinne (s. etwa die vom Sächsischen Staatsministerium der Justiz publizierten, im Anhang abgedruckten „Hinweise zur mündlichen Prüfung und zum Vortrag zu den Schlüsselqualifikationen in der Staatlichen Pflichtfachprüfung der Ersten Juristischen Prüfung“).

14 Insbesondere in den süddeutschen Bundesländern ist hingegen eine entsprechende Gesetzesänderung bislang nicht vorgenommen worden. Nach Auskunft der dortigen Justizprüfungsämter ist sie dort derzeit auch nicht geplant. Soweit hingegen der Vortrag bereits zum gegenwärtigen Zeitpunkt Teil der staatlichen Pflichtfachprüfung ist, sind die einschlägigen Voraussetzungen einerseits durchaus ähnlich, weisen aber andererseits doch Unterschiede im Detail auf. Diese ergeben sich im Einzelnen aus den im Anhang[8] wiedergegebenen landesrechtlichen Grundlagen und den dazu von den Prüfungsämtern veröffentlichten Hinweisen. Im Überblick lassen sich die jeweiligen Vorgaben der nachstehenden Tabelle entnehmen:

Bundesland	**Rechts-grundlage**	**Vortragsdauer**	**Vorbereitungszeit**	**Auswahl des Rechtsgebietes**
Berlin/ Brandenburg (Gemeinsames Prüfungsamt)	§ 9 Abs. 2 JAO Berlin/ § 9 Abs. 2 BbgJAO	10 Min.; anschl. max. 5 Min. Vertiefungsgespräch	1 h	Wahl des Rechtsgebiets durch den Prüfling, ggf. durch das Prüfungsamt (wenn nicht rechtzeitig durch den Prüfling).
Hamburg	§ 20 HmbJAG	Max. 10 Min.; „anschließende Rückfragen sind möglich“.	1 h	Keine Wahlmöglichkeit, keine Vorabinformation.
Niedersachsen	§ 23 VO zum NJAG	Vortragsdauer nicht festgelegt, „kurzes“ Vertiefungsgespräch.	1 h	Keine Wahlmöglichkeit, aber Vorabinformation über das Rechtsgebiet mit der Ladung.
Nordrhein-Westfalen	§ 15 Abs. 4 JAG NRW	Max. 12 Min.	1 h	Keine Wahlmöglichkeit, aber Vorabinformation über das Rechtsgebiet mit der Ladung.
Sachsen	§ 26 SächsJA-PO	15 Min., davon für den Vortrag 10 Min., 5 Min. für Fragen	1 h	Grds. keine Wahlmöglichkeit. Aber: bei der Anmeldung zur staatlichen Pflichtfachprüfung kann das bevorzugte Rechtsgebiet benannt werden. Bislang stets berücksichtigt. Sollte dies einmal nicht möglich sein, würde der Kandidat bei der Ladung auf das abweichende Rechtsgebiet hingewiesen.
Sachsen-Anhalt	§ 21 JAPrVP S-A	Nicht länger als 5 Min., danach bis zu 5 Min. Einzelgespräch	30 Min.	Keine Wahlmöglichkeit, keine Vorabinformation.

[8] Dort auch die jeweiligen Fundstellen.

§ 3. Juristische Methodik und die Vortragssituation

An dieser Stelle kann keine allgemeine juristische Methodenlehre geleistet werden. Statt dessen konzentriert sich die Darstellung auf einige zusammenfassende Hinweise, deren Beachtung realistischerweise auch in der Prüfungssituation erwartet werden kann. Deshalb werden nachfolgend zunächst einige kurze allgemeine Aussagen zur juristischen Fallbearbeitung zusammengetragen, wobei jeweils die durch die spezifische Prüfungssituation bedingten Besonderheiten eingehender Erwähnung finden (dazu A.). In einem zweiten Schritt sind dann solche Vortragsgestaltungen in den Blick zu nehmen, die nicht die Lösung eines Falles, sondern die Darstellung eines Themenkomplexes verlangen (dazu B.). Unabhängig hiervon sind schließlich die Bemerkungen zur Vortragstechnik (dazu C.). Da konkretere Aussagen zur Methodik naturgemäß stets streng sowohl auf das betroffene Rechtsgebiet als auch auf den jeweiligen Prüfungszusammenhang rückbezogen sind, erfolgen zudem nähere Hinweise auf das gebotene Vorgehen innerhalb der Lösungsvorschläge im zweiten Teil des Buches. 15

A. Grundzüge der Methodik der juristischen Fallbearbeitung unter Berücksichtigung der besonderen Erfordernisse einer mündlichen Präsentation

Das selbstreflexive Nachdenken über ihre Methodik gehört zu den klassischen Tätigkeitsfeldern der Jurisprudenz. Ausgehend von der Erkenntnis, dass zwischen dem vorgegebenen Lebenssachverhalt und den anzuwendenden Normen zunächst ein weiter Abgrund klafft, muss nach Möglichkeiten gesucht werden, (im Idealfall: wieder verwendbare) Brücken zu bauen. Dies leistet eine abgestimmte Methodik, die damit zugleich einer wesentlichen Gerechtigkeitsforderung Rechnung trägt, weil sie die weitgehende Gleichbehandlung sicherstellt. Es ist deshalb keineswegs reine akademische Beschäftigungstherapie, wenn immer wieder über die korrekte methodische Vorgehensweise debattiert wird.[9] 16

Im Folgenden steht indes mit Blick auf die intendierte Praxisbezogenheit nicht die theoretische Auseinandersetzung mit einzelnen methodischen Grundüberlegungen im Vordergrund, sondern es werden im Sinne eines reflektierten Auslassens allein die unmittelbar für die

---

[9] Klassisch dazu z.B. *Larenz/Canaris*, Methodenlehre der Rechtswissenschaft; *Bydlinski*, Juristische Methodenlehre und Rechtsbegriff.

Fallbearbeitung innerhalb eines mündlichen Vortrags relevanten Arbeitsmaximen dargestellt und erläutert. Die Ausführungen sind daher als eine Art „Checkliste“ zu verstehen, anhand derer im Einzelfall vorgegangen werden sollte, ohne dass indes stets alle hier aufgeführten Punkte für die konkrete Fallkonstellation zur Anwendung kommen müssen.

I. Sachverhaltsanalyse

17 Rechtsarbeit ist Textarbeit. Das gilt gerade im Studium nicht nur für die Auseinandersetzung mit den einschlägigen Gesetzestexten, sondern auch für die Beschäftigung mit dem vorgegebenen Aufgabentext. Dessen sorgfältige und differenzierte Analyse ist deshalb Ausgangspunkt und wichtigste Grundlage aller Folgeüberlegungen. Es kann kaum genug betont werden, wie entscheidend es ist, gerade an dieser Stelle gründlich und gewissenhaft zu arbeiten.

Anders als im Assessorexamen hat der Kandidat im Referendarexamen typischerweise nicht einen Aktenauszug vor sich, aus dem heraus er erst den unstreitigen und streitigen Vortrag zu einer umfassenden Tatbestandsdarstellung konstruieren muss, sondern kann und muss sich voll auf den gegebenen Sachverhalt verlassen. Umso wichtiger ist es aber dann, keinen Fehler bei der Umsetzung des Gelesenen in das Gesprochene zu begehen. Wer beispielsweise Jahreszahlen vertauscht oder vergisst, kann ein entscheidendes Verjährungsproblem vollständig übersehen, wer den Beteiligten nicht die jeweils korrekten Handlungsbeiträge zuordnet, wird Vertragsverhältnisse oder Verantwortungszurechnungen nicht mit der gebotenen Präzision prüfen können.

18 Gefordert ist daher vor allem ein sorgsames Lesen sowohl des Sachverhaltes als auch der Fallfrage sowie gegebenenfalls des Bearbeitervermerks. Letzteres ist hier von besonderer Wichtigkeit. Denn auch die sorgfältigste Lektüre nützt wenig, solange man nicht weiß, worum es dem Aufgabensteller eigentlich geht. Gerade in der Situation eines mündlichen Vortrags kann es diesem aber angemessen erschienen sein, eine Eingrenzung auf einen bestimmten Fragenkomplex vorzunehmen.

Beispiel: *„Beschränken Sie die Prüfung eines Herausgabeanspruchs des T auf §§ 985, 861 BGB.“*[10]

Wer das übersieht und jenseits des Verlangten prüft, verliert nicht nur kostbare Zeit bei der Vorbereitung und beim Vortrag selbst, sondern erbringt auch eine fehlerhafte Prüfungsleistung.

---

[10] Siehe etwa unten Aufgabe 12, Rn. 237.

Deshalb ist es unerlässlich, zuerst den Bearbeitervermerk mit der Fallfrage zu lesen. Hieraus ergibt sich zumeist in hinreichender Klarheit, welche Aspekte schon beim ersten Lesen des Sachverhalts besonderer Aufmerksamkeit bedürfen. Zusätzlich sollte nach der ersten Durchsicht noch einmal eine Kontrollüberlegung hinsichtlich der konkreten Aufgabenstellung erfolgen.

Mit Blick auf den Sachverhalt sollte sich der Kandidat im Übrigen zu- **19**
nächst ganz allgemein über a) die beteiligten Personen/Institutionen, b) die zeitliche Reihenfolge des Geschehens sowie c) die streitigen Rechtspositionen klar werden. Als hilfreich erweisen sich Skizzen, durch die der Sachverhalt anschaulich gemacht wird. Der Bearbeiter sollte zur Wiedergabe der tatsächlichen Verhältnisse imstande sein.

Der Sachverhalt ist als gegeben hinzunehmen, auch wenn er lebensfremd oder unwahrscheinlich erscheint. Keineswegs dürfen eigenmächtige Ergänzungen oder Interpretationen auf spekulativer Basis vorgenommen werden. Sollte dennoch ausnahmsweise eine Sachverhaltsauslegung erforderlich sein, muss diese an der normalen Lebenserfahrung orientiert erfolgen und vor allem später den Zuhörern gegenüber offen gelegt werden.

Beispiel: *„Mangels gegenteiliger Angaben im Sachverhalt ist davon auszugehen, dass diese Form der Ersatzzustellung ... zulässig war.“*[11]

Des Weiteren kann als Arbeitshypothese davon ausgegangen werden, dass der Sachverhalt nicht nur vollständig ist, sondern auch keine überflüssigen, d.h. für die Lösung bedeutungslosen Informationen enthält. Insbesondere in den (meist knappen) Fallgestaltungen der mündlichen Vorträge dürften kaum Ausführungen enthalten sein, die bloßes Beiwerk ohne inhaltliche Bedeutung sind. Falls daher bestimmte Aspekte des Tatbestandes nicht in der eigenen Lösungsvariante verwertet werden, sollte diese Beobachtung Anlass bieten, die Lösung erneut zu durchdenken. Schweigt der Sachverhalt andererseits zu bestimmten Aspekten, kann das als ein Indiz für einen unproblematischen Punkt betrachtet werden.

Umgekehrt kann häufig bereits aus dem Sachverhalt heraus deutlich **20**
werden, welche Punkte vertiefter Erörterung bedürfen. Anhaltspunkte sind insoweit insbesondere wiedergegebene rechtliche Ausführungen.

Beispiel: *„Er sei für den Unfall nicht verantwortlich, schließlich habe er den Hund ordnungsgemäß angeleint. T sei auch alt genug,*

[11] S.u. Rn. 136.

um zu wissen, dass man nicht Hunde nicht ärgern darf. Zudem sei M verantwortlich, da sie schließlich nicht auf T aufgepasst habe.“

Hier wird vom Bearbeiter in aller Regel eine – zustimmende oder widerlegende – Auseinandersetzung erwartet; was vom Aufgabensteller ersichtlich für erwähnenswert erachtet wurde, sollte daher auch in der eigenen Lösung nicht unerörtert bleiben.[12] Es empfiehlt sich schließlich, nach Abfassung der Lösungsskizze den Sachverhalt noch einmal kritisch durchzusehen, um auf Basis der gefundenen rechtlichen Lösung erneut zu überprüfen, ob tatsächlich alle vorgegebenen Informationen aufgenommen und umgesetzt wurden.

Das bedeutet, dass der – regelmäßig allerdings relativ knappe – Text trotz der Kürze der Vorbereitungszeit mindestens zweimal gelesen werden muss. Sinnvoll ist es dabei, sich zunächst auf das tatsächliche Geschehen zu konzentrieren und (erst) im zweiten Durchgang die Aufgabenstellung noch einmal mit besonderer Aufmerksamkeit für die rechtlichen Aspekte zu lesen. Gerade mit Blick auf das juristische Vorverständnis ist Vorsicht vor sog. falschen Freunden angebracht: Gemeint sind damit vermeintlich typische Konstellationen, die zu einer bestimmten Lösung einzuladen scheinen. Häufig werden hier doch Abweichungen vom Bekannten vorliegen, die sich unter Umständen gravierend auf die Lösung auswirken.

21 Ob darüber hinaus mit Textmarkern u.ä. gearbeitet werden sollte, ist nicht abstrakt zu entscheiden, sondern weitgehend von der persönlichen Präferenz abhängig. Allerdings birgt ein derartiges Vorgehen die Gefahr, beim ersten Durchgang auch letztlich Unwichtiges hervorzuheben bzw. relevante Tatsachen oder Aussagen durch die versehentliche Nichterfassung in den Hintergrund zu rücken. Gerade die eigenen Markierungen und ihre sachliche Berechtigung müssen daher im zweiten Durchgang noch einmal besonders kritisch untersucht werden.

22 Das sorgfältige Lesen und exakte Verstehen des Sachverhalts einschließlich der Fallfrage und des Bearbeitervermerks ist unerlässliche Voraussetzung für einen gelungenen Vortrag. Je nach Komplexität kann es erforderlich sein, den Sachverhalt mehrfach zu lesen, um auszuschließen, dass Sie wichtige Informationen und Zusammenhänge übersehen haben. Besondere Vorsicht ist bei scheinbar bekannten Fallkonstellationen angebracht. Hier müssen Sie genau darauf achten, ob nicht doch Unterschiede vorliegen, auf die es dann u.U. entscheidend ankommt!

---

[12] Im Beispiel ist also ein Verschulden des Anspruchsgegners, ein Mitverschulden von T und M sowie eine Haftung der M zu erörtern; s.u. Rn. 154 ff.

II. Auffinden der relevanten Normen

Schon während der Lektüre des Sachverhaltes können erste Assoziationen bzw. Erkenntnisse in Bezug auf bestimmte Normen oder Normenkomplexe aufkommen, die unbedingt festgehalten werden sollten, um die entsprechenden Einfälle später noch einmal auf ihre Stimmigkeit hin überprüfen zu können. Im Übrigen ist aber grundsätzlich die Auseinandersetzung mit den einschlägigen rechtlichen Grundlagen nur auf Basis eines umfassend aufbereiteten Sachverhalts sinnvoll möglich. Es gilt daher an dieser Stelle, die konkret geltend gemachten rechtlichen Positionen einer gesetzlichen oder vertraglichen Grundlage zuzuordnen. 23

Im Zivilrecht ist zunächst nach den Rechtsbeziehungen zwischen den beteiligten Personen zu fragen. Hierauf aufbauend kann dann in der gebotenen Prüfungsreihenfolge untersucht werden, welche Normen im konkreten Fall Anwendung finden (könnten).[13] Regelmäßig sind das allein solche des BGB. 24

Allerdings sollten in bestimmten Sonderkonstellationen auch andere Kodifikationen in den Blick genommen werden: Das betrifft zunächst sämtliche Fallgestaltungen, in denen ein Kaufmann, eine Handelsgesellschaft o.ä. beteiligt ist, weil hier stets (auch) an Sondervorschriften des HGB bzw. ggf. auch anderer Gesetze (Genossenschaftsgesetz u.v.m.) zu denken ist. Weiterhin sind bei Fällen mit Bezug zum Straßenverkehr stets die Vorschriften des StVG und der StVO zu bedenken, bei Versicherungen das PflVG und VVG, bei Erwähnung eines Notars das Beurkundungsgesetz, bei Grundstücken die GBO und in sachenrechtlichen Fallkonstellationen häufig auch die ZPO (namentlich deren § 771), InsO und das ZVG.

Allgemein ist auch hier vor „falschen Freunden“ zu warnen. Wer daher meint, die relevante Bestimmung gefunden zu haben, ist regelmäßig gut beraten, auch die „benachbarten“ Normen zu lesen, um auszuschließen, dass eine von diesen einschlägig ist, weil sie eine der konkreten Fallkonstellation entsprechende Qualifikation aufweist. 25

III. Erstellen einer Lösungsskizze

In den Klausuren kann unter Umständen das Erstellen einer Lösungsskizze als überflüssig oder gar hinderlich empfunden werden, weil mancher Gedankengang sich erst beim Schreiben selbst entwickelt, die Festlegung im Vorhinein also nur schwer möglich erscheint. Letztlich dürfte es hier den persönlichen Vorlieben und der eigenen Zeiteinteilung überlassen sein, ob man eine bereits sehr ausführliche, nur rudimentäre oder gar keine Lösungsskizze erstellt. 26

[13] Dazu noch näher unten Rn. 34 ff.

Demgegenüber erscheint in der Situation des mündlichen Vortrags die Erstellung einer Lösungsskizze als nahezu zwingend, weil die Kandidaten sich während des eigentlichen Vortrags auf dessen Präsentation konzentrieren müssen und nicht noch um die richtige rechtliche Lösung ringen dürfen. Trotz der grundsätzlichen inhaltlichen Vergleichbarkeit der Konstellationen ist daher in diesem Fall unbedingt ratsam, die eigenen Überlegungen möglichst rasch zu Papier zu bringen. Wenn die Zeit reicht, sollte darüber hinaus schon im Interesse der Lesbarkeit und Verständlichkeit auf Basis dieser Skizze noch ein stichwortartiges „Vortragsmanuskript" erstellt werden. Das ermöglicht es auch, die Konsistenz der eigenen Darstellung noch einmal kritisch zu hinterfragen. Wer indes dies nicht mehr schafft, kann immerhin die eigene Lösungsskizze als Gedächtnisstütze verwenden und muss nicht befürchten, vollständig den Faden zu verlieren.[14]

IV. Aufbau und Darstellung

27 Ähnlich wie in den schriftlichen Arbeiten besitzt die Wahl eines in sich stringenten und durchgängig konsistenten Aufbaus oberste Priorität.[15] Ziel der Prüfung ist es schließlich nicht primär, das Sonderwissen in Bezug auf einen bestimmten rechtlichen Problemkomplex abzufragen. Statt dessen sollen die Kandidaten ihre Fähigkeit unter Beweis stellen, sich unter Inanspruchnahme der erlernten allgemeinen Prüfungshilfestellungen (mehr leisten die sog. Schemata keinesfalls) mit einer zunächst unbekannten juristischen Fragestellung auseinanderzusetzen, dabei das Neue mit dem mitgebrachten Wissen zu verbinden und insgesamt in eine Reihenfolge der Gedanken zu setzen, die nicht nur auf das richtige oder jedenfalls gut vertretbare Ergebnis hinführt, sondern den eingeschlagenen Weg stets klar erkennen lässt.

Die Vortragssituation schließt es dabei aus, bei eventuellen Unsicherheiten noch einmal „zurückzublättern", um sich der Sinnhaftigkeit des Vorgehens zu vergewissern. Umso bedeutsamer ist es deshalb, durch eine klare Struktur dem Zuhörer die Konzentration auf das Gesagte zu erleichtern. Wer sich beständig fragt, was gerade und warum an dieser Stelle geprüft wird, wird Schwierigkeiten haben, die vielleicht im Detail durchaus zutreffenden Ausführungen ausreichend zu würdigen. Es entspricht daher dem wohlverstandenen Eigeninteres-

---

[14] Zur (psychologischen) Bedeutung von Vortragsnotizen siehe unten Rn. 58.

[15] Siehe bspw. die vom Sächsischen Staatsministerium der Justiz publizierten „Hinweise zur mündlichen Prüfung und zum Vortrag zu den Schlüsselqualifikationen in der Staatlichen Pflichtfachprüfung der Ersten Juristischen Prüfung" (im Anhang abgedruckt).

se des Prüflings, sich vorab insbesondere mit der logisch oder rechtlich gebotenen Darstellungsreihenfolge auseinanderzusetzen. Gerade in diesem Punkt kann sich die Lösungsskizze als sehr hilfreich erweisen.

1. Konzentration auf das Wesentliche

Präsentieren bedeutet komprimieren. Während in einer fünfstündigen **28**
Examensklausur unter Umständen auch abwegigen Gedanken nachgegangen werden kann, sollte die knappe Zeit eines mündlichen Vortrags (je nach Bundesland 5-12 Minuten, s.o.) nur auf die unmittelbar einschlägigen zentralen Probleme verwendet werden. Das verlangt jedenfalls in einer Vielzahl von Fällen, wenn nicht stets, das bewusste Auslassen bestimmter für irrelevant oder jedenfalls weniger entscheidend erachteter Komplexe. Die gebotene ausführliche juristische Prüfung ist eben nur im Kontext der jeweiligen Prüfungssituation zu verstehen; letztlich lassen sich niemals alle durch eine bestimmte Sachverhaltskonstellation aufgeworfenen Fragen wirklich umfassend beantworten.

Die Bearbeiter sind deshalb gehalten, sich nicht nur über die potentiell aufgeworfenen Rechtsprobleme und die einschlägigen Normen(komplexe) klar zu werden und diese nach ihrer Relevanz für die Fallfrage zu ordnen. Sie müssen sich auch Gedanken darüber machen, welche Problembereiche eventuell so abwegig oder ersichtlich nicht einschlägig sind, dass auch eine nur oberflächliche Prüfung entbehrlich erscheint.

Ähnliches gilt auch für die kleinteiligere Prüfung einzelner Normen. Hier ist nicht nur in sprachlicher Hinsicht ein vernünftiges Verhältnis von Gutachten- und Urteilsstil zu finden.[16] Zudem muss überlegt werden, in welcher Ausführlichkeit eine bestimmte Aussage argumentativ unterlegt werden muss. So mag es geboten sein, einzelne Tatbestandsmerkmale jedenfalls bei der ersten Erwähnung kurz zu definieren. Das gilt selbst für so gebräuchliche Definitionen wie etwa die der Leistung im Bereicherungsrecht.[17]

Beispiel: *„Unter Leistung ist die bewusste und zweckgerichtete Mehrung fremden Vermögens zu verstehen."*

Auf der anderen Seite kann aber eine besonders komplizierte, mithin zeitintensive Fallgestaltung es auch angezeigt erscheinen lassen, derartige „Selbstverständlichkeiten" eher en passant zu streifen als intensiver zu erörtern. Auch an dieser Stelle sind somit ein gewisses Fingerspitzengefühl und vor allem eine nur durch Übung zu erlangende Einschätzung der eigenen Zeitbedürfnisse erforderlich.

---

[16] Dazu näher unten Rn. 67 ff.
[17] S. unten Rn. 131.

2. Allgemeine Aufbauregeln

29 Grundsätzlich gilt, dass der Aufbau von der jeweiligen Fallfrage abhängig ist. Deren Vorgaben sind damit Ausgangs- und Fixpunkt der Darstellung. Ist hingegen keine klare Prüfungsreihenfolge zu entnehmen, weil etwa nur nach der Rechtslage oder den Erfolgsaussichten eines Rechtsbehelfs gefragt ist, sind ein paar allgemeine Aufbauregeln zu beachten.

30 – **Zulässigkeit vor Begründetheit**: Das betrifft zunächst den sich aus der prozessualen Logik ergebenden Vorrang der Zulässigkeits- vor der Begründetheitsprüfung. Die Zulässigkeitsprüfung betrifft die Voraussetzungen, deren Vorhandensein notwendige Bedingung für den Einstieg in die Begründetheitsprüfung ist. Eine Klage kann deshalb zwar zulässig, aber unbegründet sein, niemals hingegen unzulässig, aber begründet. Die Zulässigkeit kann deshalb auch niemals dahinstehen. Insoweit ist hinsichtlich der Erforderlichkeit eines Hilfsgutachtens zu bedenken, dass im Falle der Unzulässigkeit regelhaft hilfsweise die Begründetheit zu erörtern ist.

31 – **Formelle vor materieller Prüfung**: Ähnlich verhält es sich mit dem Vorrang der formell-rechtlichen vor der materiell-rechtlichen Prüfung. Das Vorhandensein der formellen Anforderungen öffnet erst das Tor zur Prüfung der materiellen Voraussetzungen. Allerdings ist hinsichtlich der formellen Prüfung häufig eine knappe Darstellung angebracht. In der Situation drängender Zeitnot, die den Vortrag kennzeichnet, sollten daher Ausführungen nur insoweit erfolgen, wie sich aus dem Sachverhalt Anhaltspunkte für Probleme ergeben.

32 – **Vorrang der Tatbestandsmerkmalsprüfung**: Innerhalb der Prüfung einer Norm ist es unerlässlich, vor der eigentlichen rechtlichen Subsumtion zunächst einmal die tatbestandlichen Voraussetzungen zu klären. Insbesondere sind unbestimmte Rechtsbegriffe darzulegen und die gängigen Definitionen anzubieten. Erst auf dieser Grundlage kann der gegebene Sachverhalt der ausgewählten Norm zugeordnet werden.

33 – **Normenhierarchie und Anwendungsvorrang**: Namentlich im öffentlichen Recht kann der Normenhierarchie eine besondere Bedeutung zukommen, weil sich aus ihr ergibt, wie im Falle widersprüchlicher Aussagen regelhaft zu verfahren ist. So wird eine die Verfassung konkretisierende, dabei aber von deren Vorgaben abweichende Vorschrift grundsätzlich im Wege der verfassungskonformen Auslegung auf den konstitutionellen Boden zurückzuführen sein. Im Übrigen ist im Falle einer Normenkonkurrenz häufig die Frage nach

dem Anwendungsvorrang zu stellen, also zu klären, ob eine Vorschrift eine andere verdrängt. Typisches Beispiel für eine solche gesetzlich bestimmte Anordnung ist § 491 BGB. Noch bedeutsamer ist allerdings der methodische Grundsatz, nach dem eine Normenkonkurrenz anhand der Spezialität aufgelöst werden kann: Lex specialis derogat legi generali. Spezieller in diesem Sinne ist eine Norm dann, wenn sie einerseits mit der konkurrierenden Vorschrift den Anwendungsbereich teilt, andererseits aber im Vergleich zu dieser weitere Voraussetzungen enthält. Darüber hinaus kann ein Vorrangverhältnis in zeitlicher Hinsicht begründet werden, denn grundsätzlich ist von einem Vorrang der jüngeren Norm auszugehen: Lex posterior derogat legi priori.

3. Die Auslegung von Normen

Auch in der Vortragssituation ist damit zu rechnen, dass die anzuwendenden Normen nicht aus sich heraus verständlich, eindeutig und zweifelsfrei sind, sondern eines interpretierenden Nachvollziehens bedürfen.[18] Um auszuschließen, dass die somit erforderliche Gesetzesauslegung subjektiv oder gar willkürlich erfolgt, sind in der Rechtsmethodik verschiedene Auslegungsmethoden entwickelt worden,[19] die bei der Fallbearbeitung zu berücksichtigen sind. **34**

Ausgangs- und wichtigster Orientierungspunkt ist dabei der Normtext; grundsätzlich bildet der Wortlaut zugleich die Grenze jeder Auslegung. Wo allerdings der Wortlaut gerade nicht weiterhilft, ist auf die Historie und Genese des Gesetzes, dessen Systematik und Teleologie abzustellen. In historischer Perspektive kann entsprechend eine Klärung einerseits mit Blick auf den geschichtlichen Hintergrund, andererseits auch mit Blick auf das konkrete Gesetzgebungsverfahren versucht werden. Beides dürfte indes in der Vortragssituation – also ohne die Möglichkeit der Zuhilfenahme entsprechender Dokumentationen – kaum möglich sein.[20] **35**

Das bedeutet eine Konzentration auf die Gesetzessystematik und den Gesetzeszweck. Die systematische Auslegung verlangt insoweit einen vergleichenden Überblick: Die konkret auslegungsbedürftige Norm ist in den Kontext des jeweiligen Normenkomplexes zu stellen. Geboten ist damit im Wesentlichen eine überblickshafte Lektüre der benachbarten Normen; deren Zusammenspiel wirft oftmals ein erhel- **36**

---

[18] Überspitzt, aber wohl nicht unzutreffend *Gast*, Juristische Rhetorik, Rn. 248: „Gesetzestexte sind, für sich genommen, wahrscheinlich unverstehbar.“

[19] Dazu nur *Larenz/Canaris*, Methodenlehre, S. 141 ff.

[20] Deshalb erübrigen sich hier auch Ausführungen zur Unterscheidung von subjektiver und objektiver Auslegungsmethode. Dazu *Larenz/Canaris*, Methodenlehre, S. 137 ff.

lendes Licht auf das allein anhand einer einzigen Norm nicht zu lösende konkrete Auslegungsproblem. Von besonderer Bedeutung ist schließlich auch die Frage nach dem Sinn und Zweck des Gesetzes. Dieser kann zwar in der Vortragssituation seinerseits nur anhand des Gesetzeswortlauts und der Gesetzessystematik (bzw. auch der Gesetzgebungsgeschichte) erkannt werden. Soweit es aber gelingt, ihn insoweit zu erkennen, kann mit Hilfe der teleologischen Auslegung häufig eine Entscheidung in strittigen Fragen herbeigeführt werden, weil eine Auslegungsalternative ersichtlich dem Gesetzeszweck besser dient.

4. Prüfungsreihenfolge – Anspruchsdenken

37 Gerade in zivilrechtlichen Aufgabenstellungen ist regelhaft die Prüfungsreihenfolge durch die Anspruchskonstellation vorgegeben. Ergibt sich etwa aus der Fallfrage, dass abstrakt nach allen in Betracht kommenden Anspruchsgrundlagen zu forschen ist („Wie ist die Rechtslage?“), bedeutet das keinesfalls, dass die denkbaren Ansprüche in selbst gewählter Abfolge geprüft werden können.

Vielmehr ergibt sich aus der Sachlogik der einzelnen Anspruchsvoraussetzungen eine bestimmte Prüfungsreihenfolge:[21] Erstens vertragliche und quasivertragliche Ansprüche, zweitens Ansprüche aus berechtigter Geschäftsführung ohne Auftrag, drittens dingliche Ansprüche, viertens gesetzliche Ansprüche (v.a. deliktische Ansprüche und Ansprüche aus ungerechtfertigter Bereicherung), fünftens schließlich erb- und familienrechtliche Ansprüche.

38 Unabhängig von der Art der Anspruchsgrundlage liegt der Prüfung folgender **Aufbau** zugrunde:

(1) **Anspruch entstanden**: Grundvoraussetzung für die Geltendmachung eines Anspruchs ist dessen Entstehen für den Anspruchsteller (originär oder im Wege der Rechtsnachfolge). Gleichzeitig darf der Anspruchsgegner keine Einwendungen vorbringen, die die Entstehung des Anspruchs verhindern.

(2) **Anspruch nicht verloren**: Der Anspruchsteller kann einen Anspruch nur solange geltend machen, wie er ihn nicht verloren hat. Ein solcher Verlust tritt ein, wenn der Anspruch erloschen ist.

(3) **Anspruch durchsetzbar**: Schließlich dürfen dem Anspruch keine rechtshemmenden Einreden des Anspruchsgegners entgegenstehen.

---

[21] Dazu sehr empfehlenswert *Medicus/Petersen*, Rn. 7 ff.; s.a. *Strauss/Büßer*, Fälle zum Wirtschaftsprivatrecht.

V. Typische juristische Argumentationsmuster

Neben dem Aufbau ist für die Bewertung insbesondere die argumentative Auseinandersetzung mit den durch die in Rede stehende Sachverhaltskonstellation aufgeworfenen rechtlichen Streitfragen der Beteiligten entscheidend. Jede Aufgabenstellung enthält eine Anzahl von Problemen, mit denen der Ersteller das Wissen, vor allem aber die Argumentationsfähigkeit der Kandidaten prüfen will.[22] 39

Ziel der Argumentation ist es, etwas zuvor Fragliches fraglos zu stellen, also Unsicherheit in Sicherheit umzuwandeln. Im konkreten juristischen Argumentationsprozess geht es regelhaft darum, die sich aus der notwendigen Mehrdeutigkeit normativer Aussagen ergebenden Varianten zu einer Seite hin aufzulösen. Als Mittel dazu dienen Argumente, deren Eigenart sehr verschieden sein kann („stark" oder „schwach"; „abstrakt" oder „konkret"; „sachbezogen" oder „formal"; „deskriptiv" oder „normativ" usf.), die sich aber jedenfalls hinsichtlich einiger typischerweise im juristischen Kontext verwendeter Formen systematisieren lassen:[23]

- **Gleichheitsschluss** (argumentum e simile): Wenn ein vergleichbar gelagerter Fall bereits entschieden ist oder die spezifische Unsicherheit aus einem anderen Grunde nicht aufweist – bspw. im Normtext klarer formuliert ist – spricht viel dafür, auch im Ergebnis einen Gleichlauf anzunehmen, weil anderenfalls ein Widerspruch in die Rechtsordnung hineingetragen würde.

- **Umkehrschluss** (argumentum e contrario): Auf der anderen Seite kann aber auch gerade die Tatsache, dass ein Unterschied bspw. in der Normformulierung vorliegt, als Indiz für eine Ungleichbehandlung angesehen werden. Ansatzpunkt der Argumentation ist dann nicht die Ähnlichkeit, sondern die Differenz; Ziel ist nicht der Gleichlauf, sondern die unterschiedliche Behandlung.

- **Erst-Recht-Schluss** (argumentum a fortiori): Erst-Recht-Schlüsse sind gleichermaßen als solche nicht auf ein bestimmtes Ergebnis fixiert. Sie stellen gewissermaßen eine Spezialform des Vergleichs-

---

[22] S. etwa das Merkblatt zum mündlichen Teil der Pflichtfachprüfung des Landesjustizprüfungsamtes Niedersachsen (im Anhang abgedruckt): „Dem Prüfling steht ein weiter Bearbeitungsspielraum zu. Bei einer kontrovers behandelten rechtlichen Problematik soll der Prüfling nach einer argumentativen Auseinandersetzung zu einem sinnvollen Ergebnis gelangen, wobei auf eine methodisch reflektierte Begründung Wert zu legen ist."

[23] Ausführlich zum Argumentationsvorgang *Gast*, Juristische Rhetorik, Rn. 255 ff.; *Haft*, Juristische Rhetorik, S. 93 ff.

schlusses dar. Aus der anders gearteten Regelung wird hier der Schluss gezogen, wenn es schon dort so sei, müsse dasselbe Ergebnis erst Recht in dem in Frage stehenden Fall erreicht werden. Auch hier ist aber stets die Möglichkeit mitzubedenken, dass die Ungleichbehandlung gewollt ist, also kein Erst-Recht-, sondern ein Umkehrschluss in Betracht kommt.

VI. Insbesondere: Meinungsstreitigkeiten

40 Es ist natürlich außerordentlich zu begrüßen, wenn die Kandidaten zu einer bestimmten juristischen Fragestellung (beispielsweise der Möglichkeit einer Verarbeitungsklausel bei § 950 BGB[24]) verschiedene vertretene Auffassungen kennen. Gleichwohl erscheint es insbesondere in der Situation des mündlichen Vortrags unglücklich, diese im Sinne eines klassischen „Meinungsstreits" zu präsentieren. Eine Darstellung in der Reihenfolge „eine Ansicht – andere Ansicht – Streitentscheid" führt schon im Schriftlichen häufig zu einer weitgehend verfehlten Personalisierung unter Vernachlässigung der Sachargumente. Sie ist namentlich in einem mündlichen Vortrag ungünstig. Stattdessen ist es erforderlich, den Streitstand in die sachliche Prüfung zu integrieren.

Zunächst sollte daher abstrakt das Problem aufgeworfen und erklärt werden, warum sich eine einfache Lösung verbietet.

> ***Beispiel:***[25] *„Gemäß § 550 S. 1 BGB gilt ein auf mehr als ein Jahr befristeter Mietvertrag unbefristet, wenn er nicht schriftlich geschlossen worden ist. Zwar haben M und V einen schriftlichen Mietvertrag geschlossen. Fraglich ist aber auch hier, wie es sich auswirkt, dass in die Vertragsurkunde nicht das tatsächlich vermietete Zimmer aufgenommen wurde."*

Hieran anknüpfend sind die Argumente darzustellen, die für oder gegen eine bestimmte Lösungsvariante sprechen, und erst auf dieser Basis können die einzelnen Überlegungen einander gegenübergestellt und gewichtet werden.

> ***Beispiel:***[26] *„Zu diesem Problem werden verschiedene Auffassungen vertreten: Eine Ansicht lässt es genügen, ... Diesen dürfe kein Vorrang vor der Privatautonomie zukommen. Nach einer anderen Ansicht soll das nur dann richtig sein, wenn die Formvorschrift lediglich die Parteien schützt ..."*

---

[24] Dazu unten Rn. 105, 128 ff.

[25] S.u. Rn. 174.

[26] S.u. Rn. 175.

Regelmäßig lassen sich dabei dem Sachverhalt verwendbare Informationen entnehmen, mit deren Hilfe man zu einem nachvollziehbar begründeten und damit in der Sache nicht angreifbaren Schluss gelangen kann.

Gerade in strittigen Fragen ist für die Bewertung nicht so sehr das Ergebnis als die diesem zugrunde liegende Argumentation entscheidend. Natürlich sollen Sie zu einer vertretbaren (also nicht völlig abwegigen) Lösung kommen. Zentrale Bewertungsgrundlage Ihres Vortrags ist jedoch (fast ausschließlich) der dazu beschrittene Weg. Erwartet und bewertet werden ein stringenter Aufbau und eine argumentative Auseinandersetzung mit den wesentlichen Problemen des Falls (und auch nur diesen!) anhand des Gesetzes an der systematisch richtigen Stelle. Das gilt auch für sog. Meinungsstreitigkeiten: Es interessiert nicht die Meinung als solche, sondern die sie begründenden Argumente und deren Verhältnisse zu den Argumenten der Gegenansicht. **41**

B. Besonderheiten bei (rein) thematischen Aufgabenstellungen

Während den Examensklausuren fast ausschließlich Fallkonstellationen zugrunde liegen, kann es dem Prüfer in der Situation des mündlichen Vortrags attraktiv erscheinen, nicht (nur) einen Fall lösen zu lassen, sondern (zusätzlich) eine thematische Aufgabenstellung zu verwenden. In Sachsen-Anhalt ist sogar stets eine solche „offene" Aufgabenstellung vorgesehen; im Übrigen ist sie jedenfalls nicht ausgeschlossen.[27] **42**

Im Grundsatz gilt dazu das oben allgemein zum mündlichen Vortrag Gesagte entsprechend: Die Kandidaten sollten die Themenstellung als Chance begreifen, sich ohne die Zwänge eines durch bekannte dogmatische Prüfschemata vorgegebenen Lösungsweges durch die Wahl einer eigenen stringenten Darstellungsform profilieren zu können. Auch insoweit sind allerdings einige generelle Punkte beachtenswert.

I. Besonderheiten des Aufbaus

Bei thematischen Aufgabenstellungen sind die Kandidaten grundsätzlich nicht in das enge „Korsett" der herkömmlichen Dogmatik eingebunden. Es steht ihnen grundsätzlich frei, welchen Aufbau sie ihrem Vortrag zugrunde legen. Die eine richtige Aufbauvariante gibt es hier nicht; stattdessen ist nicht nur eine starke Abhängigkeit von der **43**

[27] S. die im Anhang abgedruckten Hinweise der jeweiligen Landesjustizprüfungsämter.

konkreten Themenstellung gegeben, sondern auch innerhalb ein und derselben Aufgabenstellung können durchaus unterschiedliche Herangehensweisen jeweils zielführend und damit „richtig" sein.

Das bedeutet allerdings nicht, dass es keinerlei zu beachtende Aufbauregeln gibt. Zunächst ist gerade hier bereits in formaler Hinsicht eine strikte Orientierung an der Aufgabenstellung erforderlich. So ist es von essentieller Bedeutung, die aufgeworfenen Fragen auch tatsächlich zu beantworten. Ebenso sollte im Grundsatz die vorgegebene Reihenfolge eingehalten werden.

44 Jenseits dessen stellen offene Themenstellungen in inhaltlicher Hinsicht besondere Anforderungen an die Kandidaten insoweit, als es nunmehr diesen obliegt, sich vorab darüber klar zu werden, welche Fragestellungen und Themenkomplexe von der Aufgabenstellung umfasst werden.

Erste und wichtigste Aufgabe ist es daher, diese genau zu analysieren und eine Entscheidung darüber zu treffen, welche Punkte in der zur Verfügung stehenden Zeit angesprochen werden können (und müssen). Auf Basis dieser notwendigen ersten Auswahl kann sodann der eigentliche Aufbau des Vortrags in Angriff genommen werden.

Typischerweise wird dabei der Vortrag mit einer Skizzierung des Problems einzuleiten sein. Sinnvoll erscheint es des Weiteren, im Anschluss hieran das eigene Vorgehen kurz zu erläutern, ohne damit aber die eigentlichen Erörterungen vorwegzunehmen. Zumindest sollten an dieser Stelle nicht nur das angestrebte Erkenntnisziel des Vortrages, sondern auch – in groben Umrissen – die dorthin führenden Schritte deutlich werden.

> ***Beispiel:***[28] *„In meinem Vortrag werde ich mich mit Einzelfragen der Abtretung von Forderungen beschäftigen, insbesondere dem rechtsgeschäftlichen Abtretungsverbot und dem gutgläubigen Erwerb einer Forderung."*

Diese gilt es sodann im Einzelnen mit Leben zu füllen. Am Schluss steht – anders als bei einer Fallbearbeitung – nicht unbedingt ein klares Ergebnis. Soweit dies möglich ist, sollte aber das Gesagte abschließend noch einmal zusammengefasst werden.[29]

II. Eigenarten der Argumentation

45 Im Wesentlichen lassen sich die oben genannten juristischen Argumentationsformen auch bei rein themenbezogenen Aufgabenstellungen verwenden. Unterschiede ergeben sich indes aus der fehlenden Fallbezogenheit. Während dort stets mit Blick auf den konkreten Sachverhalt

---

[28] S.u. Rn. 83.
[29] Dazu noch unten Rn. 78.

argumentiert werden sollte, ist hier eine abstrakte Erörterung geboten. Das bietet Chancen, birgt aber auch Risiken: Gerade in der abstrakten Erörterung muss der Kandidat deutlich machen, dass ihm die Konsequenzen der einen oder anderen Vorgehensweise durchaus bewusst sind. Die grundsätzliche Anwendungsorientiertheit der Rechtswissenschaft bedeutet insoweit zwar keineswegs, dass eine Entscheidung erst gefunden („hergestellt“) und dann begründet („dargestellt“) wird.

Die argumentative Auseinandersetzung darf aber gleichwohl nicht unter völliger Lösung von der Realität betrieben werden, sondern muss die potenziellen Folgen transparent halten. Um einerseits die Anschaulichkeit des Gesagten zu gewährleisten, andererseits aber die Praxisbezogenheit aufzuzeigen, kann es sich als außerordentlich hilfreich erweisen, die eigene Vorgehensweise an Beispielsfällen zu erläutern.[30] Dies sollte auch dort in Betracht gezogen werden, wo es die Aufgabenstellung selbst nicht ausdrücklich verlangt.

C. Formale Vorgaben und Hilfestellungen zur richtigen Präsentation

I. Die Bedeutung des Vortragsstils

Hilfreiche, auch für die anderen Bundesländer durchaus übertragbare **46**
Hinweise bezüglich der Bedeutung des Vortragsstils finden sich in den nordrhein-westfälischen „Weisungen für den Vortrag in der staatlichen Pflichtfachprüfung“:[31]

> „I.
>
> Durch den Vortrag sollen die Prüflinge zeigen, dass sie befähigt sind, nach kurzer Vorbereitung in freier Rede eine juristische Problemstellung zu präsentieren sowie hierzu Position zu beziehen und diese unter richtiger Schwerpunktsetzung argumentativ zu begründen. Die Aufgabenstellung für den Vortrag wird dem Bürgerlichen Recht, dem Strafrecht oder dem Öffentlichen Recht, jeweils unter Einschluss der dazugehörenden Verfahrensrechte, entnommen. Es gibt Fallvorträge und Themenvorträge. Die Aufgabenstellung wird den Prüflingen am Prüfungstag übergeben. Die Vorbereitungszeit beträgt eine Stunde.
>
> Der Vortrag soll bei einem Fallvortrag aus einer rechtlichen Würdigung in freier Rede bestehen. Bei einem Themenvortrag soll die Problemstellung

[30] S. etwa unten Rn. 141, 256.

[31] http://www.olg-koeln.nrw.de/002_aufgaben/justizpruefungsamt/003_erste pruefung/002_staatlichepfllichtfachpruefung/003_muendlichepruefung/002_wei sung_vortrag/index.php.

strukturiert aufgearbeitet werden. Den Prüflingen bleibt es freigestellt, ob und ggf. in welchem Umfang sie dem Vortrag eine Wiedergabe des Sachverhalts bzw. der Themenstellung voranstellen. Die Einzelheiten für die Bearbeitung ergeben sich aus dem Aufgabentext, insbesondere aus einem möglichen Bearbeitervermerk. Sowohl Vortragsform als auch Vortragsinhalt fließen in die Beurteilung ein.

II.

Zur Vorbereitung des Vortrags dürfen nur die zur Verfügung gestellten Gesetzessammlungen als Hilfsmittel benutzt werden. Zugelassene Hilfsmittel sind: Schönfelder nebst Ergänzungsband, Sartorius I, v. Hippel/Rehborn. Ohne Rücksicht auf den Zeitpunkt des im Fall erfassten Geschehens sind die gesetzlichen Vorschriften in der Fassung anzuwenden, die in den jeweils zur Verfügung gestellten Gesetzessammlungen abgedruckt ist, soweit sich nicht aus dem Bearbeitervermerk etwas anderes ergibt.

III.

Beim Vortrag können die Prüflinge Stichwortzettel benutzen. Das Ablesen einer schriftlichen Ausarbeitung entspricht nicht den Anforderungen an einen freien Vortrag (siehe Ziff. I). Der Vortrag darf die Dauer von 12 Minuten nicht überschreiten; er wird nach Ablauf dieser Zeit abgebrochen. Den Prüflingen werden während und nach dem Vortrag keine Fragen zur Ergänzung oder Klarstellung ihrer Ausführungen gestellt. Der Sachverhalt ist dem/der Vorsitzenden des Prüfungsausschusses im Anschluss an den Vortrag auszuhändigen."

47 Die hier sogar an erster Stelle genannte „Vortragsform" ist also keineswegs ein hinter den „Vortragsinhalt" zurücktretendes Beurteilungskriterium, sondern die gelungene Präsentation stellt ein erhebliches, beurteilungs- und damit benotungsrelevantes Qualitätsmerkmal dar.[32]

Und dies zu Recht, besteht doch die besondere Problematik eines Vortrags gerade darin, in der vorgegebenen knappen Zeit eine vergleichsweise komplexe Materie ohne unzulässige Simplifizierungen, aber dennoch verständlich und anschaulich darzulegen. Das setzt neben der inhaltlichen Auseinandersetzung auch eine gewisse Erfahrung mit der formalen Präsentationstechnik voraus. Der Vortragende spricht weder mit noch vor, sondern zu den Prüfern. Seine Aufgabe ist daher keine bloße Selbstdarstellung, sondern es gilt das in der Aufgabenstellung enthaltene Sachproblem so zu entfalten, dass die Aufmerksamkeit der Adressaten, also der Prüfer, sichergestellt ist. Hilfreich kann es insoweit sein, sich in deren Position zu versetzen.

---

[32] S. a. die Hinweise zum Aktenvortrag des Gemeinsamen Juristischen Prüfungsamts der Länder Berlin und Brandenburg (im Anhang abgedruckt): „Mit dem Vortrag soll dem Prüfling die Möglichkeit gegeben werden, auch seine rhetorischen Fähigkeiten unter Beweis zustellen."

Das bedeutet im Wesentlichen zweierlei: Erstens handelt es sich zwar naturgemäß um einen juristisch vorgebildeten Zuhörerkreis. Gleichwohl verlangt es die spezifische Prüfungssituation, prinzipiell alle aufgeworfenen Rechtsfragen umfassend zu beantworten, ohne scheinbar „einfache" Punkte auszulassen. Die aus Gründen der Zeitknappheit gebotene Reduktion des Stoffes darf daher nicht damit begründet werden, keine Eulen nach Athen tragen zu wollen. Den Prüfern muss stattdessen klar werden, dass der Prüfling nur das auslässt, was ersichtlich unproblematisch ist. Zweitens hören die Prüfer eine Reihe von Vorträgen hintereinander. Sie werden daher außerordentlich dankbar sein, wenn Vorträge nicht pauschal nach „Schema F" ablaufen, sondern individuell auf die Aufgabenstellung bezogen, in der Sache konzentriert und in der Darstellung ebenso konzis wie in der Vortragsgestaltung lebhaft sind. 48

Das alles ist wiederum weitgehend Übungssache. Die folgenden Hinweise dienen daher zum einen der Selbstkontrolle. Sie sind aber im Sinne der intendierten gruppendynamischen Lernstrukturen insbesondere auch geeignet, der Fremdkontrolle durch die zuhörenden Kommilitonen ein Gerüst zu geben bzw. deren Aufmerksamkeit auch auf scheinbar „unjuristische" Details zu lenken.

Verschwenden Sie nicht Ihre knappe Übungszeit durch unkritische Kommentare, sondern weisen Sie sich gegenseitig auf noch bestehende Fehler hin. Nur so können Sie diese erkennen und an ihnen arbeiten! Ehrlichkeit und (weitgehende) Schonungslosigkeit sollten die Maximen wechselseitiger Überprüfung sein. 49

II. Allgemeines zur Präsentationstechnik

Der Vortrag bedeutet insoweit eine erhebliche Erweiterung im Vergleich zur Klausur, als der Prüfling dem Prüfer nicht nur in Gestalt einer – mehr oder weniger ordentlichen, mal eher schlecht, mal eher gut lesbaren – Ansammlung von Seiten bzw. als anonyme Prüfungsnummer, sondern als Person gegenübersteht. Da der Vortrag gerade auch darauf abzielt, die Fähigkeiten der angehenden Juristen zur eigenständigen Präsentation zu überprüfen, stellt es insoweit auch keineswegs eine Fehleinschätzung dar, wenn die Bewertung auch auf nicht unmittelbar inhaltsbezogene Kriterien gestützt wird. Im Übrigen ist aber ein in sich stimmiger und gelungener Vortrag auch der beste Garant dafür, dass die inhaltliche Botschaft beim Zuhörer ankommt. Dementsprechend ist der Gesamteindruck von besonderer Bedeutung. 50

Insoweit lassen sich durchaus Kriterien ausmachen, anhand derer in formaler Hinsicht – also ohne Bezug auf den Inhalt des Gesagten – das Gelingen des Vortrags beurteilt werden kann. Diese lassen sich grob in zwei Kategorien unterteilen: in nonverbale Kriterien und verbale Kriterien.[33] Während letztere später ausführlicher behandelt werden sollen, können erstere bereits an dieser Stelle vorgestellt werden.

1. Nonverbale Kriterien

a) Hörbare Kriterien („Auditiver Eindruck")

51 Zu den hörbaren Kriterien zählen insbesondere der Stimmklang und die Stimmlage, die Aussprache sowie die Betonung. Das betrifft dann etwa die Phonation, also die Problematik, ob die Stimme z.B. heiser, unterspannt, überhöht o.ä. klingt. Weiterhin gehört hierher auch die Beachtung der Artikulation. Diese kann z.B. undeutlich sein, übertrieben exakt, aber auch zu stark dialektal erscheinen. Hinsichtlich der Intonation ist etwa darauf zu achten, ob sie monoton, gekünstelt oder überbetont wirkt; darüber hinaus ist auf die Lautstärke und Lautstärkevariationen (zu leise, zu laut, zu gleich bleibend) zu achten. Sprechgeschwindigkeit und Pausensetzung (zu langsam, zu schnell, zu seltene, zu häufige Pausen, zu lange bzw. zu kurze Pausen) sollten an dieser Stelle ebenso Beachtung finden wie Sprechmelodie und Stimmsenkungen (bspw. zu gleichförmig, keine/zu seltene Stimmsenkungen).

52 Allgemein gilt in allen Fällen: Das Bemühen um eine korrekte Vortragsweise darf nicht zu einer verkrampften Überinterpretation führen. Ein gelungener Vortrag erscheint auch sprachlich leicht, der Eindruck des Verspannten, Erzwungenen droht anderenfalls sich auf die Zuhörer zu übertragen. Letztlich kommt es daher vor allem darauf an, einen unangestrengten, aber auch nicht allzu lockeren Vortragsstil zu finden, der insbesondere auch den eigenen Sprachgewohnheiten entgegenkommt. Es bringt wenig, sich vollkommen umstellen zu wollen. Auf der anderen Seite bedeutet das indes nicht, dass nicht gegen bestimmte, störende Auffälligkeiten wie beispielsweise Verlegenheitslaute („äh", „hm"), hörbare Atmung, Lippengeräusche („Schmatzen") u.ä. vorgegangen werden sollte.[34]

53 Ein spezielles Problem stellt in diesem Zusammenhang die dialektale Sprache dar. Es mag einem ungerecht erscheinen, ist aber wohl unbestreitbar: Wer einen sehr starken Dialekt spricht, wird es in einer mündlichen Prüfungssituation deutlich schwerer haben. Das hängt

---

[33] S. zum Folgenden etwa *Wagner*, Grundlagen der mündlichen Kommunikation, 1999, S. 33 ff.

[34] Dazu noch unten Rn. 56.

vermutlich damit zusammen, dass Dialekt mit Provinz assoziiert wird und zudem in einer stark auf die Hochsprache rekurrierenden Disziplin als außenstehend empfunden wird.[35] Es kann aber auch ganz simpel deshalb problematisch sein, weil der Dialekt unter Umständen dem Zuhörer das Verständnis erschwert. Man sollte sich deshalb jedenfalls um eine Annäherung an das Hochdeutsche bemühen.

b) Sichtbare Kriterien („Visueller Eindruck")

Der Prüfer nimmt den gesamten Menschen wahr. Es ginge deshalb **54** fehl, anzunehmen, dass es nur auf die auditiven Eindrücke ankäme. Der Vortrag ist keine Tonbandaufnahme, sondern besitzt auch eine starke visuelle Komponente. Von Bedeutung sind insoweit insbesondere Körperhaltung und Blickrichtung des Prüflings. Je nach Prüfungsamt beziehungsweise Prüfer wird der Vortrag im Sitzen oder im Stehen gehalten werden. Es bietet sich an, sich hierüber nach Möglichkeit zu informieren, um dies bei der eigenen Vorbereitung berücksichtigen zu können. Unabhängig davon sollte in der wechselseitigen Kontrolle darauf geachtet werden, ob das jeweilige Auftreten eher angestrengt bzw. überspannt, (übertrieben) lässig oder unruhig wirkt.

Von besonderer Bedeutung ist darüber hinaus der Augenkontakt mit dem Prüfungsgremium. Jeder Prüfling sollte sich darum bemühen, nicht nur einen, sondern alle Prüfer während des Vortrags anzuschauen. Für die Übungsphase bedeutet das, sich zu vergewissern, ob überhaupt ein Blickkontakt vorhanden ist, ob er ausweichend, zu kurz, fixierend o.ä. ist. Beachtenswert ist zudem die individuelle Gestik und Mimik. Da hier die Gefahr besteht, allzu exaltiert zu erscheinen, sollte prinzipiell Zurückhaltung geübt werden,[36] was aber nicht bedeutet, dass etwa bei der Begrüßung nicht gelächelt werden darf.

Interesse verdient daneben auch die sog. Proxemik, d.i. das Verhal- **55** ten im Raum und die gewahrte Distanz zu anderen. Hier wird zwar typischerweise ein Tisch einen gewissen Mindestabstand sicherstellen, dennoch empfiehlt sich weder ein diesen Abstand einengendes Vorlehnen noch ein gleichsam fliehendes extremes Zurücklehnen im Stuhl.

Zu den sonstigen visuellen Auffälligkeiten zählen z.B. eine deutlich erkennbare Hochatmung bzw. Mundeinatmung, aber auch ganz allgemein das Aussehen, insbesondere die Kleidung und die Frisur. Insoweit erscheint es beinahe zu selbstverständlich, um es zu erwähnen, dass ein

---

[35] Ähnliches kann in anderen Lebenssituationen natürlich für den gelten, der in einer – in den Augen seiner Mitmenschen – unangebrachten Situation Hochdeutsch spricht.

[36] Umgekehrt sollte auch nicht krampfhaft versucht werden, aus der Mimik/Gestik der Prüfer Rückschlüsse auf deren Wohlwollen zu ziehen.

prüfungsadäquates Erscheinungsbild gepflegt werden sollte. Auch wenn an sich nichts gegen sie einzuwenden sein mag, können das knallrote Kostüm oder die schreiend bunte Krawatte doch geeignet sein, jedenfalls ein wenig eigentlich für den Vortrag vorgesehene Aufmerksamkeit des Prüfers zu absorbieren. Das allein disqualifiziert sie für den Einsatz in der mündlichen Prüfung. Es gibt bessere Gelegenheiten, den individuellen Modevorlieben zu frönen als ausgerechnet diese Prüfungssituation.

2. Abgewöhnen störender Angewohnheiten

56 Bisweilen schleichen sich in die Alltagssprache Geräusche oder auch Floskeln ein, die im persönlichen Gespräch nicht weiter stören mögen, deren übermäßiger Gebrauch in einem Vortrag aber überaus ablenkend wirken kann. Das betrifft neben dem geradezu klassischen „Ähm“ beispielsweise sonstige hörbare Auffälligkeiten (wie Schmatzgeräusche o.ä.), aber auch bestimmte wiederkehrende Sprachmuster oder störende Gesten, z.B. Lippenbeißen oder -lecken oder auch nur ein kontinuierliches Zurechtrücken der Krawatte.

Insoweit ist es zunächst erforderlich, sich dem Vorhandensein dieser unbewussten Handlungen zu stellen. Da allein diese Kenntnis indes typischerweise nicht zum Abstellen der Gewohnheit führt, empfiehlt es sich, gegebenenfalls bewusst gegenzusteuern. Dies geschieht im Wege der sog. Aversionsmethode, indem die zuvor unbewussten Vorgänge bewusst und bewusst häufig zum Einsatz gebracht werden. Regelmäßig hat das eine gewisse Selbstpathologisierung, dann aber auch Selbstimmunisierung zur Folge, weil über die bewusste Handlung die Aversion geweckt wird, die dann auch der unbewussten Handlung entgegensteht.

3. Freies Reden und Hilfsmittel, insbesondere zum Nutzen von Karteikarten

57 Die oben abgedruckten Hinweise des nordrhein-westfälischen Prüfungsamtes heben gleich mehrfach auf den „in freier Rede“ gehaltenen Vortrag ab; auch andernorts wird von den Prüfungsämtern ausdrücklich auf die Bedeutung der freien Rede hingewiesen.[37] Tatsächlich dürfte es angesichts der Funktion des Vortrags, die Überprüfung der Schlüsselqualifikationen sicherzustellen, nicht fehlgehen, eine entsprechende Gewichtung als länderübergreifendes Kennzeichen des mündlichen Vortrags anzusehen.

---

[37] Siehe z.B. die vom Sächsischen Staatsministerium der Justiz publizierten „Hinweise zur mündlichen Prüfung und zum Vortrag zu den Schlüsselqualifikationen in der Staatlichen Pflichtfachprüfung der Ersten Juristischen Prüfung“ (im Anhang abgedruckt).

Gerade der freie, also nicht abgelesene Vortrag sollte daher auch im Zentrum der Übungssituation stehen. Hierzu muss der eigene Gedankengang vorab so verinnerlicht werden, dass der Vortrag selbst letztlich nur noch dem bereits gespurten Pfad zu folgen hat. Freie Rede bedeutet insoweit zwar keinesfalls ein Auswendiglernen auch noch der kleinsten Formulierung, sondern setzt auf die Fähigkeit zur spontanen Artikulation. Das betrifft indes nur die rein sprachliche Ebene; inhaltlich sollte der Vortrag bis in die Details soweit erarbeitet sein, dass „unterwegs“ keine Überraschungen mehr drohen. Man könnte dies auf die knappe Formel reduzieren, nur die Rede sei frei, der Gedanke dagegen gebunden.

Die idealtypische Ausrichtung an der freien Rede bedeutet jedoch – **58**
auch das zeigen die oben wiedergegebenen Ausführungen – keineswegs das Verbot jeglicher Hilfsmittel: „Beim Vortrag können die Prüflinge Stichwortzettel benutzen“; einzig das bloße „Ablesen einer schriftlichen Ausarbeitung“ wird als nicht anforderungsadäquat erkannt. Die Kandidaten sind demnach zwar nicht gehalten, aber auch nicht prinzipiell daran gehindert, sich gedankenleitende und -stützende Überlegungen zu notieren und in der Vortragssituation zu verwenden.

Allerdings ist Vorsicht angebracht: Es bleibt bei der Betonung der freien Rede; zu ausführliche Stichworte erhöhen aber das Risiko des Ablesens und sollten daher ebenso vermieden werden wie eine – schon zeitlich kaum machbare – ausgearbeitete schriftliche Fassung. Beides verhindert den gebotenen souveränen Umgang mit dem eigenen Konzept. Es kann den Prüfer durchaus überzeugen, wenn das mitgebrachte Konzeptpapier nur selten oder überhaupt nicht zur Anwendung gebracht wird. Dass es aber überhaupt da ist, kann auf der anderen Seite ein Gefühl der Sicherheit vermitteln, weil nicht „ohne Netz und doppelten Boden“ agiert wird, sondern im Falle eines Steckenbleibens mit einem kurzen Blick auf die notierten Stichworte der Weg zurück in die Prüfung/Darstellung gefunden werden kann.

Welche Hilfsmittel im Einzelnen benutzt werden, dürfte – sofern **59**
vom jeweiligen Prüfungsamt zugelassen – der persönlichen Präferenz anheim zu stellen sein. Karteikarten haben insoweit gegenüber normalen Blättern den Vorteil der geringeren Größe (was der Versuchung entgegenwirkt, besonders viel Text aufzuschreiben, und gegebenenfalls in der Hand weniger auffällt) und sind aufgrund ihres Materials leichter zu (ver-)wenden. Sie dürfen aber umgekehrt nicht zu klein sein, weil bei einem ca. zehnminütigen Vortrag nicht ein Dutzend kleiner Karten zum Einsatz kommen sollte, deren ständiger Wechsel voraussichtlich sowohl den Prüfling als auch die Prüfer nervös zu machen geeignet ist.

60 Finden Sie Ihren eigenen Stil, was den Einsatz von Hilfsmitteln angeht, versuchen Sie aber immer wieder auch einmal, einen Vortrag völlig ohne schriftliche Notizen zu halten. Im Ernstfall sollen Sie schließlich auch die Prüfer ansehen, nicht starr auf den Zettel vor Ihnen blicken.

III. Sprachliche Gestaltung

61 Bekanntlich ist die Sprache das wichtigste Werkzeug des Juristen. Mehr noch als in der Klausur kommt es beim Vortrag darauf an, die gefundene Lösung in sprachlich angemessener Weise zu präsentieren. Das bedeutet vor allem, stets auf die Nachvollziehbarkeit der eigenen Vorgehensweise zu achten und sich insbesondere um die Verständlichkeit des eigenen Vortrags zu bemühen. Als Faustformel kann dabei dienen: Kurze Sätze erhöhen die Verständlichkeit. Lange Sätze, die mit einer Vielzahl – unter Umständen ineinander verschlungenen – Nebensätzen unterbrochen werden und damit mehrere Informationsinhalte auf mehreren Schichten zu transportieren geeignet sind, verlangen demgegenüber ein erhöhtes Maß an Aufmerksamkeit.

Für den Zuhörer bedeutet das die Gefahr, nur einen Teil der Information aufzunehmen oder gar völlig den Faden zu verlieren. Noch stärker gilt letzteres aber für den Vortragenden. Die deutsche Sprache mit der Grundregel des erst am Satzende stehenden Verbs ist dabei wenig hilfreich, wenn es darum geht, Ungenauigkeiten zu vertuschen oder misslungene Anfänge noch aufzufangen. Wer sich daher nicht absolut sicher ist, auch am Ende eines Bandwurmsatzes noch das rettende, sinnstiftende Verb zu finden, sollte sich lieber von vornherein auf etwas kürzere Sätze beschränken. Das gilt auch und gerade für diejenigen, die in der Schriftsprache komplizierteren Satzstrukturen etwas abgewinnen können, denn nur sie sind potentiell gefährdet.

62 Im Übrigen hat Verständlichkeit viel mit der Sprechgeschwindigkeit zu tun. Vortragen heißt deshalb auch, das eigene Sprechtempo stets zu kontrollieren. Schon bei der Erstellung der Lösungsskizze ist deshalb darauf zu achten, wie viel Zeit die einzelnen Punkte voraussichtlich in Anspruch nehmen werden. Es ist im Regelfall sinnvoller, einige wesentliche Kernaussagen langsam und verständlich zu präsentieren als sich oberflächlich und kaum nachvollziehbar durch alle denkbaren Problemfelder hindurch zu hetzen. Auch aus sprachlicher Sicht ist deshalb eine Schwerpunktsetzung unbedingt erforderlich.

1. Einsatz von Pausen und rhetorischen Stilfiguren

63 Reden ist Schweigen.

Was der Absatz im schriftlichen Text, ist die Pause im mündlichen Vortrag: Betonung des Vorgesagten, Abgrenzung zum Nachfolgenden. Gerade bei wichtigen Punkten, auf die es im weiteren Verlauf des Vortrags ankommt oder die gerade nicht selbstverständlich erscheinen, kann es deshalb angebracht sein, bewusst einen Moment lang zu schweigen. Da das menschliche Gehirn angeblich bis zu zwei Sekunden braucht, bevor eine aufgenommene Information auch wirklich verarbeitet und verstanden wurde, kann eine solche vorübergehende Unterbrechung des Informationsflusses als überaus angenehm empfunden werden.

Deshalb sollte man sich nicht scheuen, jedenfalls zu Übungszwecken auch einmal längere Pausen in den Vortrag einzubauen. Häufig wird die Reaktion der Zuhörer zunächst in einem Nicken bestehen, das als Ausdruck der Zustimmung, v.a. aber auch des eigenen Verstehens gedeutet werden kann. Erst zu einem relativ späten Zeitpunkt wird dieser dem Gesagten nachfolgende Informationsverarbeitungsprozess beendet, und selbst dann kann durch die weitere Verlängerung der Pause noch einmal die Spannung auf das Kommende erhöht werden.

Vorträge, die sich in einer bloßen Aufzählung von Fakten oder Ar- **64**
gumenten erschöpfen, sind häufig leblos und für den Zuhörer ermüdend. Aufgabe des Vortragenden ist es daher, nicht nur bei der Konzipierung auf einen das Ganze tragenden Spannungsbogen zu achten, sondern auch während des Vortrags selbst Reize zu setzen. Als ein überaus taugliches Mittel hat sich insoweit namentlich der Einsatz rhetorischer Fragen erwiesen. Selbstredend können in der Situation einer mündlichen Prüfung den Prüfern keine echten Fragen gestellt werden. Umso interessanter ist es aber, ihre Aufmerksamkeit durch „unechte", eben rhetorische, Fragen zu gewinnen, deren Beantwortung dann wiederum durch den Vortragenden selbst erfolgt.

Beispiel:[38] *„Wie passt nun § 354a HGB zu diesem Ergebnis?"*

Unbedingt zu vermeiden sind sprachliche Einförmigkeiten, die un- **65**
abhängig vom Inhalt den vordergründigen Eindruck einer fehlenden Differenzierungsfähigkeit erwecken. Ein allzu gleichförmiger, sich stets wiederholender Satzbau wirkt schnell langweilig und ermüdend. Interessant hingegen sind Stilmischungen, die mitunter vielleicht überraschende stilistische Einsprengsel (bspw. einen geschickt gesetzten Chiasmus[39]) aufweisen.

---

[38] S.u. Rn. 90.

[39] Überkreuzstellung, etwa: „Ach Gott! Die Kunst ist lang/Und kurz ist unser Leben." (*Goethe*, Faust I, in: *ders.*, Werke [Hamburger Ausgabe], Band 3, 16. Aufl. 1996, S. 25 (Zeile 558 f.).

Beispiel: *„Die Argumentation des BGH ist daher wenig überzeugend. Nachvollziehbar ist demgegenüber die Begründung derjenigen Stimmen in der Literatur, die …"*

Insgesamt ist auch innerhalb der verwendeten Satzstrukturen auf Variationen zu achten, darüber hinaus aber auch bei der Wortwahl ein Bemühen um eine angenehm-originelle Sprachwahl ratsam. Die deutsche Sprache ist reich an Synonymen und besitzt insbesondere im Bereich der Konjunktionen eine Vielzahl von zu Unrecht wenig verwendeten Ausdrücken. Gerade im juristischen Bereich ist insoweit die unselige Alleinherrschaft des Wörtchens „mithin" in Erinnerung zu rufen, gegen das zwar an sich nichts einzuwenden ist, das aber auch keinerlei Vorzüge gegenüber den weitgehend inhaltsgleichen „somit", „folglich", „daher", „damit" usw. besitzt. Ähnliches gilt für den ständigen Gebrauch der Formel „meines Erachtens". Auch eine Tendenz zu persönlichen Lieblingswörtern und -floskeln ist häufig nachteilhaft; hier gilt es, sich selbst kritisch zu hinterfragen und gegebenenfalls die Aversionsmethode in Ansatz zu bringen (wer zehnmal hintereinander bewusst formuliert hat „also ehrlich gesagt", der macht das vielleicht auch unbewusst so schnell nicht wieder).

66 Auf der anderen Seite kann die kunstvolle Wiederholung natürlich auch selbst ein Stilmittel sein. Das betrifft insbesondere die Anapher (gleicher Satzanfang, z.B. „I have a dream") und kann bei einem gekonnten Einsatz überaus elegant wirken. Nicht hierunter fällt aber die unter Studenten verbreitete Vorgehensweise, den gebotenen Gutachtenstil dadurch zu ersetzen, dass jeder auch nur ansatzweise problematische Punkt mit einem „Fraglich ist …" begonnen wird. Hier wird das gebotene Problembewusstsein schon auf der allerersten sprachlichen Stufe durch das langweilige, Unterschiede nivellierende Vorgehen konterkariert. Es empfiehlt sich, zumindest die Eingangsvokabel zu variieren und auch mal ein „problematisch", „zu klären" oder „zweifelhaft" einzustreuen. Noch besser ist es indes, wenn der gesamte Satzbau verändert und nach Möglichkeit auf das spezifische Geschehen zugeschnitten wird.

Beispiel: *„Nach all dem stellt sich die für die weitere Fallbearbeitung entscheidende Frage, ob …"*

Das leitet indes bereits über zu dem Problem, ob und inwieweit im Vortrag der Gutachtenstil angebracht ist.

2. Problemkonstellationen

a) Gutachtenstil

Prinzipiell ist auch im Vortrag (bei Fallbearbeitungen) der Gutachtenstil zu verwenden. Diese aus den Klausuren bekannte Technik beinhaltet letztlich vor allem eine Verzögerung, die bei korrekter Anwendung einen transparenten und auch für den Bearbeiter vorteilhaften, da die Selbstkontrolle bestärkenden, Prüfungsweg garantiert. Im Wesentlichen geht es dabei darum, eine Frage aufzuwerfen, diese zu erörtern und so zu einer Antwort zu kommen. Der Zuhörer wird damit über die einzelnen Anspruchsvoraussetzungen zum Ergebnis hingeführt. Typisches Kennzeichen ist daher das Aufwerfen eines Problems im Konjunktiv, um sodann über die Definition der Tatbestandsmerkmale und die Subsumtion des Sachverhalts unter diese Merkmale zum (Zwischen-)Ergebnis zu gelangen. **67**

Demgegenüber steht bei Verwendung des Urteilsstils das Ergebnis am Anfang der Bearbeitung. Erst im Anschluss wird die Begründung geliefert. Charakteristisch für den Urteilsstil ist demnach, dass jeder Satz mit einem „denn" oder „weil" an den vorangegangenen anschließen könnte. Jeder Folgesatz ist hier die Antwort auf eine gegenüber dem vorangegangenen Satz gestellte, unausgesprochen bleibende Frage: Warum? Umgekehrt gilt also, dass jeder Satz, der mit einem „denn" oder „weil" beginnt, nicht dem Gutachtenstil entspricht und deshalb regelmäßig vermieden werden muss. Vielmehr deuten Wörter wie „daher", „also", „folglich", „deshalb", „mithin" oder „somit" auf eine gutachterliche Gedankenführung hin.

Durch einen derartigen, durchgängig eingehaltenen Gutachtenstil **68**
verlöre indes der Vortrag nicht nur an Verständlichkeit, sondern würde voraussichtlich auch kaum innerhalb der vorgegebenen – relativ engen – zeitlichen Rahmenbedingungen auszuführen sein. Deshalb sollte Unproblematisches und Selbstverständliches im Urteilsstil dargestellt werden. Gerade in diesem Fall muss aber streng auf den Sachverhaltsbezug beachtet werden.[40] Damit wird zugleich eine inhaltliche Prüfungsleistung erbracht: Denn der Kandidat zeigt damit nicht nur, dass er beide Stilarten beherrscht und zu verbinden versteht, sondern zugleich, dass er Wesentliches von Unwesentlichem trennen und Schwerpunkte setzen kann.

Ausführliche Ausführungen sind nur an problematischen Stellen geboten. Diese werden daher im Gutachtenstil untersucht. Unproblematisches können (und sollten) Sie demgegenüber kurz und prägnant **69**

[40] S. z.B. unten Rn. 233.

darstellen. Allerdings ist Vorsicht geboten: Nicht alles, was Sie für unwesentlich oder unproblematisch erachten, interessiert auch den Zuhörer nicht. Auch insoweit müssen Sie sich durch Übung an den im jeweiligen Fallkontext gebotenen Kompromiss aus knapper Darstellung (im Urteilstil) und ausführlicher Prüfung (im Gutachtenstil) herantasten.

b) Verwendung der ersten Person Singular („Ich-Erzählung")

70 In Klausuren ist es völlig unüblich und wohl auch etwas verpönt, sich selbst sprachlich durch die Verwendung der ersten Person Singular in die Lösung einzubringen. Im Vortrag ist das anders: Hier erhöht es die Lebendigkeit und damit die Verständlichkeit des Gesagten, wenn sich der Vortragende, der ohnehin in persona vor den Prüfern steht, eine Ich-Erzählform verwendet.[41] Das darf indes nicht dazu führen, dass die gebotene Distanz gegenüber dem Prüfungsstoff verloren geht. Die Einbringung der persönlichen Perspektive in sprachlicher Hinsicht bedeutet keine Änderung des Maßstabs in inhaltlicher Hinsicht; das persönliche Judiz ersetzt keinesfalls die gebotene streng dogmatisch-rationale Prüfung.

c) Fremdsprachen und Fremdwörter

71 Vorsicht Falle: Man braucht zwar kein Großes Latinum, um die relativ begrenzten lateinischen juristischen Sinnsprüche und Ausdrücke wiedergeben zu können. Gleichwohl sollte man diese nur einsetzen, wenn man sich über ihre Bedeutung und Zusammensetzung vollständig im Klaren ist. Anderenfalls droht eine überaus peinliche Situation.[42] Wer daher beispielsweise hervorheben möchte, dass ein Gesetz aufgrund der enthaltenen spezielleren Regelung gegenüber einer allgemeineren Vorschrift Vorrang besitzt, kann dieses Verhältnis als eines von lex specialis und lex generalis bezeichnen. Lex specialiter ist falsch, weil statt eines Adjektivs ein Adverb verwendet wird, und es heißt auch nicht das oder der, sondern die lex, weil das Geschlecht aus der Lehnsprache übernommen wird. Ähnliches gilt für das Griechische: Auch hier ist neben der Betonung (grundsätzlich auf der vorvorletzten Silbe: AristOteles, SOkrates, CHArisma) insbesondere das

---

[41] Ebenso *Haft*, Juristische Rhetorik, S. 167 (mit dem allerdings mit Vorsicht zu genießenden Ratschlag: „Man spreche nicht wie ein typischer Jurist").

[42] Z.B. *Kaiser*, Die Zivilgerichtsklausur im Assessorexamen, 2005, Rn. 23 („die Tempi des Tatbestandes" – *andante con moto*? *Allegro ma non troppo*? Gemeint sind aber die *Zeiten*); ähnlich *Meyer-Mews*, NJW 2000, 916 ff. (*contra* verlangt den Akkusativ); s.a. die Rezension von *Fögen* (zu F.W. Graf, Moses Vermächtnis, 2006), Rechtsgeschichte 9 (2006), 170 (171).

Geschlecht problematisch: Richtig ist das Telos, aber der Nomos. Deshalb sollte – und das trifft in gleicher Form auch für den Gebrauch von Fremdwörtern zu – bei auch nur leichten Unsicherheiten ganz allgemein der Grundsatz beherzigt werden, im Zweifel lieber eine deutsche Umschreibung zu wählen.

d) Normen

Allgemeines Kennzeichen qualitätsvollen juristischen Arbeitens und 72
damit auch und gerade für die Prüfung unabdingbar ist das genaue Zitieren der verwendeten Gesetzesvorschriften. Dabei genügt es grundsätzlich nicht, nur den jeweiligen Paragraphen oder Artikel zu nennen, wenn dieser aus mehreren Absätzen und Sätzen/Halbsätzen besteht und/oder verschiedene Varianten enthält. Um den Eindruck einer unreflektierten oder doch oberflächlichen Verwendung zu vermeiden, ist es vielmehr unerlässlich, jedenfalls bei der ersten Bezugnahme auf die einschlägige Norm diese in größtmöglicher Präzision anzugeben.

Auf der anderen Seite ist es – anders als in der Klausur – im Vortrag wohl angängig, im späteren Verlauf die eingangs detailliert erwähnte Vorschrift in einer abgekürzten Version zu nennen, weil die wiederholte ausführliche Bezeichnung schnell ermüdend wirkt. Als Ausnahme vom Grundsatz der freien Rede dürfte es hier zudem nicht zu beanstanden sein, wenn eine entscheidende Norm abgelesen wird. Das gilt jedenfalls dann, wenn es gerade auf deren genauen Wortlaut ankommt.

IV. Der Aufbau des Vortrags

1. Einstieg in den Vortrag

Als Einstieg in den Vortrag empfiehlt sich ein Standardsatz, den 73
man – anders als den restlichen Vortrag – bereits vorab verinnerlichen und auswendig können sollte. Das befreit zwar nicht von der Verpflichtung, die vorbereitete Formulierung an den konkreten Sachverhalt bzw. die konkrete Themenstellung anzupassen. Es ermöglicht aber, eine gewisse Sicherheit zu gewinnen. Zudem ist dies eine gute Gelegenheit, mit den Prüfern Blickkontakt aufzunehmen und damit zu signalisieren, dass man wirklich zu ihnen spricht. Schließlich wirkt es auch alles andere als souverän, wenn bereits ganz zu Beginn des Vortrags der Blick an den vorbereiteten Stichworten klebt.

Inhaltlich ist es natürlich vollkommen unerlässlich, das konkrete Vor- 74
tragsthema zu nennen bzw. eine kurze Sachverhaltsdarstellung zu leisten. Um die Struktur des Vortrags deutlich zu machen, kann es daneben äußerst sinnvoll sein, dessen groben Verlauf im Vorhinein zu skizzieren. Hier kann es helfen, sich an der Aufgabenstellung zu orientieren.

***Beispiel:** „Mein Vortrag gliedert sich in zwei Teile. Zunächst werde ich mich mit dem Problem auseinandersetzen ... Im zweiten Teil des Vortrags beschäftige ich mich sodann mit einer Fallkonstellation, in der diese zunächst abstrakt beschriebene Problematik praxisrelevant wird."*

75 Das bedeutet allerdings nicht, völlig Selbstverständliches als besondere Eigenart zu referieren. Wer etwa ankündigt: „Im Folgenden werde ich zunächst die Zulässigkeit der Klage des A, sodann deren Begründetheit prüfen" oder „Ich beginne mit dem objektiven Tatbestand des § 211 StGB" wird damit von den Prüfern kein zustimmendes Nicken ernten, sondern nur Unverständnis erzeugen. Und mit der Aussage „Nachfolgend werden zunächst die Ansprüche aus dem behaupteten Mietvertrag, dann die Ansprüche aus ungerechtfertigter Bereicherung geprüft" nimmt man bereits so viel vom Ergebnis vorweg, dass die erstrebenswerte Spannung weitgehend verloren geht. Auch für den Einstieg gilt im Übrigen, dass es auf das rechte Maß ankommt: Weder zu kurz noch zu lang, nicht zu „spritzig" oder gar mit dem Versuch eines Kalauers, engagiert, aber doch distanziert.

2. Überleitung/Hauptteil

76 Mit der einleitend aufgezeigten groben Gliederung des Vortrags ist zugleich der Bogen zum jetzt folgenden Hauptteil geschlagen. Hier geht es sodann „nur noch" darum, die eingangs skizzierten Prüfungspunkte mit Leben zu füllen. Wichtig ist es gerade an dieser Stelle, einerseits den zuvor überlegten Prüfungskomplexen und Argumentationen sorgfältig nachzugehen. Für Improvisation ist es in der Regel zu spät. Andererseits befreit das aber nicht vor dem Erfordernis, den Überblick über das bereits Gesagte und die noch verbleibende Zeit zu behalten. Kaum etwas ist schlimmer als ein Vortrag, der von den Prüfern abgebrochen werden muss. Deshalb sollte man aller grundsätzlichen Orientierung am Vorbereiteten zum Trotz immer den Kernpunkt des Vortrags vor Augen haben und diesen in jedem Fall präsentieren können. Notfalls muss man dazu eben auch den Mut besitzen, relativ unproblematische Punkte (noch weiter) abzukürzen oder gar ganz wegzulassen, wenn anderenfalls der Vortrag nicht in der vorgegebenen Zeit beendet werden kann.

77 Diese Notsituation ist indes etwas anderes als die Standardproblematik eines engen Zeitrahmens. Diesen offen zu kritisieren oder zu bedauern, wirkt unsouverän und verkennt, dass alle anderen sich in der gleichen Situation befinden. Von hilflos wirkenden, in der Sache nicht weiterführenden Zusätzen wie „das kann hier leider nicht erörtert werden" ist daher eher abzuraten. Auch die Floskel „das kann vielleicht noch Gegenstand der Diskussion sein" ist unglücklich, weil manche Prüfer sich ungern in dieser Form vorgreifen lassen. Stattdessen sollte die knappe Zeit prinzipiell kommentarlos durch die Wahl eines entsprechend (zeitlich) passenden Prüfprogramms berücksichtigt werden. Sinnvoll kann es demgegenüber sein, innerhalb des Vortrags durch bewusst platzierte Zwischenergebnisse Strukturen zu schaffen bzw. bewusst noch einmal auf die Gliederungsebenen zu verweisen.

Beispiel: *„Damit komme ich zu der Frage der Entreicherung."*

Insgesamt lassen ich jedoch für diesen Part am wenigsten allgemeine Hinweise geben, weil die konkrete Darstellungsform hier besonders stark der jeweiligen Aufgabenstellung korrespondiert. Allerdings sollten die Kandidaten darauf achten, eindeutig den Schwerpunkt bei den an dieser Stelle erforderlichen rechtlichen Ausführungen zu setzen. Weder die (knappe) Darstellung des Sachverhaltes oder der Themenstellung noch die abschließende Zusammenfassung sollten nennenswerte Zeitbudgets beanspruchen; beide haben letztlich nur dienende Funktion und einen geringen Eigenwert.

3. Ende des Vortrags

Das Ende des Vortrags kann, muss man aber nicht ankündigen. **78**

Beispiel: *„Damit komme ich zum Schluss." oder „Ich fasse abschließend noch einmal zusammen."*

In jedem Fall sollte aber ein klar erkennbarer Abschluss am Ende des Vortrages stehen. In Fallkonstellationen muss das Gesamtergebnis präsentiert werden; bei thematischen Aufgabenstellungen können gegebenenfalls die gefundenen Ergebnisse summarisch zusammengefasst werden, im Übrigen endet der thematische Vortrag mit der letzten Aussage zur Sache.

Ferner empfehlen wir nachdrücklich, den Vortrag mit einem kurzen Dank für die Aufmerksamkeit zu beenden. Das ist nicht nur höflich und schon deshalb angebracht, sondern signalisiert auch ganz eindeutig das Ende der eigenen Ausführungen und vermeidet das für alle Seiten peinliche Gefühl eines „War's das?".

Beispiel: *„Im Ergebnis ist also die Klage des B zulässig und begründet. Ich danke Ihnen für Ihre Aufmerksamkeit." (Fallbearbeitung) oder „Die damit verbundene Ausnahme von dem Grundsatz, dass eine Forderung nur vom Berechtigten erworben werden kann,*

ist hinzunehmen. Ich danke Ihnen sehr für Ihre Aufmerksamkeit!"
(Themenstellung)[43]

V. Zeiteinteilung

79 Unter Zugrundelegung der in den meisten Bundesländern vorgesehenen 60minütigen Vorbereitungszeit ergibt sich dabei das folgende, allerdings nur als grobe, im Einzelfall variable Leitlinie zu verstehende Zeitschema:

– Lesen und Durchdenken der Aufgabenstellung, Erstellen einer Lösungsskizze: 20 Minuten,
– weitere juristische Überprüfung, Kontrollüberlegungen/-lektüre: 25 Minuten,
– ggf. schriftliche Niederlegung in Stichworten (Karteikarten o.ä.): fünf Minuten,
– abschließende Durchsicht der eigenen Aufzeichnungen, Memorieren der zentralen Formulierungen/Gliederungspunkte, nochmalige Kontrolle des Sachverhaltes: zehn Minuten.

---

[43] S.u. Rn. 98.

Kapitel 2. Fälle und Themen

Einleitende Bemerkungen

Die folgenden, unterschiedlich schwierigen Aufgabenstellungen sind – der Prüfungspraxis entsprechend – teilweise als reine Themenstellungen, teilweise als reine Fallbearbeitungen und teilweise als Kombination beider Formen formuliert.[44] Für Examenskandidaten aus Sachsen-Anhalt gilt die Besonderheit, dass dort nur Themenstellungen geprüft werden und dass die Vorbereitungszeit lediglich dreißig Minuten beträgt. Dem kann bei Vorbereitung mit diesem Buch dadurch Rechnung getragen werden, dass bei den Themenstellungen immer nur jeweils eine Frage bearbeitet wird. **80**

Die hier wiedergegebenen Lösungsvorschläge sind in dieser Ausführlichkeit in der vorgegebenen Vortragszeit kaum zu leisten. Die umfangreiche Darstellung soll aber einen Eindruck vermitteln, was aus der Aufgabenstellung herauszuholen ist. Sie ermöglicht es ferner, die eigene Lösung auf ihre Übereinstimmung mit dem hier Vorgeschlagenen, aber auch auf die notwendige Schwerpunktsetzung hin zu überprüfen. **81**

Die Lösungshinweise sind grundsätzlich in Vortragsform gestaltet. Die vorangestellte Gliederung dient nur der besseren Übersichtlichkeit; die einzelnen Gliederungspunkte sollten beim mündlichen Vortrag als solche nicht wiedergegeben werden. In ähnlicher Form sollte schließlich die hier vorgenommene Einteilung in Absätze als Ausdruck bewusst gesetzter Sprechpausen wahrgenommen werden.

---

[44] Zur Bandbreite der möglichen Aufgabenstellungen vgl. die im Anhang abgedruckten Hinweise der jeweiligen Landesjustizprüfungsämter.

Aufgabe 1: Forderungsabtretung und -erwerb

A. Aufgabenstellung

82 1. Gemäß § 399 Alt. 2 BGB können die Parteien die Abtretung einer Forderung ausschließen.

a) Wie verhält sich diese Vorschrift zu § 137 S. 1 BGB?

b) Wie wirkt das rechtsgeschäftliche Abtretungsverbot?

c) Erläutern Sie die Vorschrift des § 354a HGB und ihr Verhältnis zu den §§ 398 ff. BGB!

2. Der gutgläubige Erwerb einer Forderung vom Nichtberechtigten ist grundsätzlich ausgeschlossen.

a) Erläutern Sie, warum das so ist!

b) Bildet die Regelung des § 1138 BGB hiervon eine Ausnahme, wenn Hypothek und gesicherte Forderung nicht dem Zedenten gehören, sondern einem Dritten?

B. Lösungshinweise

I. Vortragsgliederung

1. Rechtsgeschäftliches Abtretungsverbot
   a) Einleitung
   b) Verhältnis zu § 137 S. 1 BGB
   c) Wirkung des Abtretungsverbots
   d) Verhältnis zu § 354a HGB

2. Gutgläubiger Forderungserwerb vom Nichtberechtigten
   a) Kein Rechtsscheinstatbestand
   b) § 1138 BGB
      aa) Funktion der Vorschrift
      bb) Hypothek und Forderungen bestehen für Dritten

II. Vortragsvorschlag

Sehr geehrte Damen und Herren, **83**

in meinem Vortrag werde ich mich mit Einzelfragen der Abtretung von Forderungen beschäftigen, insbesondere dem rechtsgeschäftlichen Abtretungsverbot und dem gutgläubigen Erwerb einer Forderung.

1. Zunächst zum rechtsgeschäftlichen Abtretungsverbot, seiner Wir- **84**
kung und seinem Verhältnis zu den §§ 137 BGB und 354a HGB.

a) Gemäß § 398 BGB geht eine Forderung durch Vertrag mit dem bisherigen Gläubiger, dem Zedenten, auf den neuen Gläubiger, den Zessionar, über. Die Abtretung ist also eine Verfügung, denn sie ist als Rechtsgeschäft auf die Übertragung eines Rechts gerichtet.[45]

Sie ist u.a. nur dann wirksam, wenn die Abtretung der Forderung nicht **85**
verboten ist. Neben einem gesetzlichen Abtretungsverbot, wie es zum Beispiel § 400 BGB für unpfändbare Forderungen aufstellt, kommt gemäß § 399 Alt. 2 BGB auch ein rechtsgeschäftliches Abtretungsverbot in Betracht. Gläubiger und Schuldner können also ein entsprechendes Verfügungsverbot vereinbaren. Dies setzt eine Einigung zwischen Gläubiger und Schuldner der Forderung darüber voraus, dass der Gläubiger die Forderung nicht auf einen Dritten übertragen darf. Diese Einigung kann sowohl vor dem Entstehen der Forderung als auch nachträglich erfol-

---

[45] Palandt/*Ellenberger*, Vor § 104 Rn. 16.

gen.[46] Nach richtiger Auffassung liegt ein rechtsgeschäftliches Abtretungsverbot auch dann vor, wenn die Wirksamkeit der Abtretung lediglich von der Zustimmung des Schuldners abhängig gemacht wird.[47]

86 b) Wie verhält sich dieses Verfügungsverbot nun zu § 137 S. 1 BGB, wonach die Verfügungsbefugnis über ein veräußerliches Recht nicht durch Rechtsgeschäft ausgeschlossen werden kann?

Es liegt nahe, § 399 Alt. 2 BGB als Ausnahmeregelung zu betrachten, die als die speziellere Norm Vorrang genießt. Die Spezialität ließe sich dabei zweifach begründen:

Zum einen bereits aus der systematischen Stellung im Gesetz. § 137 BGB ist eine Norm des allgemeinen Teils, also des Regelungsbereiches, in dem die Vorschriften normiert sind, die für alle Bücher des BGB gleichermaßen gelten. Dagegen ist § 399 Alt. 2 BGB Teil des allgemeinen Schuldrechts.

Zum anderen lässt sich der Vorrang begründen durch den engeren Anwendungsbereich, denn während § 137 S. 1 BGB alle Arten von rechtsgeschäftlichen Verfügungsverboten regelt, erfasst § 399 Alt. 2 BGB nur die Verfügung über Forderungen.

87 Allerdings zeigt sich bei genauerer Betrachtung die Notwendigkeit, danach zu unterscheiden, zu welchem Zeitpunkt das Abtretungsverbot vereinbart wird.

Einigen sich Gläubiger und Schuldner bereits vor Entstehung der Forderung, stellt sich nämlich die Frage nach dem Verhältnis der beiden Vorschriften nicht. § 137 S. 1 BGB verbietet nur den Ausschluss der Verfügung über ein veräußerliches Recht. Haben sich Gläubiger und Schuldner aber vor Entstehen der Forderung darauf verständigt, dass die Forderung nicht übertragen werden darf, entsteht diese Forderung als unveräußerliches Recht.[48] § 137 S. 1 BGB ist auf diesen Fall also gar nicht anwendbar.

Etwas anderes gilt, wenn das Abtretungsverbot erst nach Entstehen der Forderung vereinbart wird. Hier ist die Forderung als veräußerliches Recht entstanden, so dass auch § 137 S. 1 BGB einschlägig ist.[49] Nur in diesem Fall muss man also auf den von mir bereits erläuterten Vorrang des § 399 Alt. 2 BGB zurückgreifen.

---

[46] MünchKomm/*Roth*, § 399 Rn. 30.
[47] *BGH* NJW 1991, 559; NJW-RR 1992, 790.
[48] MünchKomm/*Armbrüster*, § 137 Rn. 11; *Lüke*, JuS 1992, 114; jeweils m.w.N.
[49] A.A. *Lüke*, JuS 1992, 114.

c) Wie wirkt ein solches rechtsgeschäftliches Abtretungsverbot: relativ, also nur gegenüber dem Schuldner, oder absolut, d.h. gegenüber jedermann? **88**

Grundsätzlich kommt rechtsgeschäftlichen Verfügungsverboten nur relative Wirkung zu. Sie wirken nur gegenüber dem Vertragspartner, Dritten gegenüber bleiben sie unberücksichtigt. Das folgt unmittelbar aus § 137 BGB: Zwar kann sich der Verfügungsbefugte gemäß Satz 2 verpflichten, nicht über seinen Gegenstand zu verfügen. Tut er es dennoch, ist diese Verfügung aber gleichwohl wirksam. Der Dritte erwirbt vom Berechtigten. Allerdings macht sich der Verfügende gegenüber der Partei, mit der er das Verfügungsverbot vereinbart hat, schadensersatzpflichtig. Vereinfacht kann man also sagen, der Rechtsinhaber kann verfügen, er darf es aber nicht.

Im Gegensatz dazu wirkt das rechtsgeschäftliche Abtretungsverbot unmittelbar auf die Verfügung. Diese ist unwirksam, weil der Gläubiger zwar Inhaber der Forderung ist, diese aber nicht veräußern kann. Es fehlt also nicht nur am rechtlichen Dürfen, sondern auch am Können. Da folglich ein Dritter die Forderung nicht erwerben kann, hat das rechtsgeschäftliche Abtretungsverbot absolute Wirkung.[50] **89**

d) Wie passt nun § 354a HGB zu diesem Ergebnis? **90**

Nach Satz 1 dieser Vorschrift ist die Abtretung einer Geldforderung trotz wirksamen Abtretungsverbots u.a. dann wirksam, wenn das Rechtsgeschäft, das die Forderung begründet hat, für beide Teile ein Handelsgeschäft nach § 343 Abs. 1 HGB ist.[51]

§ 354a Satz 1 HGB lässt sich nicht entnehmen, dass das Abtretungsverbot selbst unwirksam wird. Der Gläubiger bleibt also verpflichtet, eine Abtretung zu unterlassen. Er ist jetzt aber in der Lage, trotzdem zu verfügen. Die Situation entspricht also § 137 BGB.

§ 354a HGB soll der Kreditfinanzierung des Gläubigers dienen. Er kann auch solche Forderungen als Sicherheit auf den Kreditgeber übertragen, die wegen der Vereinbarung mit dem Schuldner eigentlich unveräußerlich sind. Solche Abtretungsverbote hatten in der Praxis häufig einkaufende Großunternehmen in ihren Allgemeinen Geschäftsbedingungen vorgesehen.[52] Den Verkäufern, regelmäßig kleine oder mittelständische Unternehmen, war es deshalb grundsätzlich nicht möglich, die entsprechenden Kaufpreisforderungen als Kreditsicherheit einzusetzen. **91**

---

[50] Ganz h.M., vgl. die Nachweise bei MünchKomm/*Roth*, § 399 Rn. 36; zu den Schwächen der Gegenansicht *Bülow*, NJW 1993, 901.

[51] Hierzu ausführlich *Wagner*, NJW 1995, 180 ff.; *Petersen*, Jura 2006, 680 f.

[52] Baumbach/Hopt/*Hopt*, § 354a Rn. 1.

Für den Schuldner hat der Gläubigerwechsel, den er ja gerade nicht wollte, jedoch keinen Nachteil, im Gegenteil: Gemäß § 354a Satz 2 HGB kann er mit befreiender Wirkung an den bisherigen Gläubiger leisten. Dadurch verbessert sich sogar seine Situation, denn er hat die Wahl zwischen Zahlung an den Alt- oder Neugläubiger. Er steht deshalb besser, als er ohne das Abtretungsverbot stünde, denn dieses Wahlrecht ist dem Schuldner nach Abtretung der Forderung grundsätzlich verwehrt. Aus § 407 Abs. 1 BGB folgt nämlich, dass der Schuldner nur so lange an den bisherigen Gläubiger leisten darf, bis er Kenntnis von der Abtretung erlangt. § 354a S. 2 HGB bildet also auch eine Ausnahme zu dieser Vorschrift.

92 2. a) Ich komme nun zum zweiten Teil meines Vortrags und der Frage, warum der gutgläubige Erwerb einer Forderung vom Nichtberechtigten grundsätzlich ausgeschlossen ist, während das Eigentum an beweglichen und unbeweglichen Sachen grundsätzlich auch vom Nichteigentümer erworben werden kann.[53]

Der Erwerb vom Nichtberechtigten kommt nur dann in Betracht, wenn der Erwerber gutgläubig ist. Er muss den Veräußerer für den Rechtsinhaber halten dürfen. Dabei darf er sich jedoch nicht lediglich auf dessen Angaben verlassen. Würde das allein zur Begründung der Gutgläubigkeit genügen, gäbe es keinen Grund, nicht auch den Erwerb einer Forderung von demjenigen zuzulassen, der glaubhaft versichert, sie gehöre ihm.

Vielmehr setzt jeder gutgläubige Erwerb das Vorliegen eines Rechtsscheinstatbestandes voraus, der an objektive Faktoren geknüpft ist: Beim Erwerb beweglicher Sachen ist das gemäß § 1006 BGB der unmittelbare Besitz der Sache, bei unbeweglichen Sachen gemäß § 892 BGB die Grundbucheintragung.

93 Da eine Forderung nicht körperlich sein kann und ein allgemeines Forderungsregister nicht existiert, fehlt es in Bezug auf Forderungen grundsätzlich an diesem objektiven Rechtsscheinstatbestand.

Aber selbst wenn ein solcher existiert, weil die Forderung verbrieft worden ist, bleiben die Möglichkeiten eines gutgläubigen Erwerbs hinter denen für Sachen zurück. § 405 BGB bestimmt für den Fall, dass die Abtretung unter Urkundenvorlage erfolgt, nur die dort bezeichneten Einwendungsverluste des Schuldners. Er ermöglicht hingegen auch in diesem Fall nicht den Erwerb der Forderung, wenn diese beispielsweise aus einem anderen Grund niemals bestanden hat oder bereits erloschen ist.[54] Der Gesetzgeber hat an eine Schuldurkunde also

[53] Grundlegend zum Erwerb vom Nichtberechtigten *Wiegand*, JuS 1978, 145 ff.

[54] Vgl. *Coester-Waltjen*, Jura 2003, 27; s.a. die Ausführungen zur erweiternden Anwendung bei MünchKomm/*Roth*, § 405 Rn. 13.

nicht dieselben Rechtsscheinwirkungen geknüpft wie an unmittelbaren Besitz und Grundbuch.

b) Abschließend bleibt zu klären, ob § 1138 BGB eine Ausnahme zu dem soeben gefundenen Ergebnis bildet, dass eine Forderung grundsätzlich nicht gutgläubig erworben werden kann. Ich beschränke meine Prüfung dabei auf den Fall, dass gesicherte Forderung und Hypothek nicht dem Zedenten gehören, sondern einem Dritten. **94**

aa) Nach § 1138 BGB gelten die Vorschriften über den Erwerb eines im Grundbuch eingetragenen Grundstücks auch in Ansehung der Forderung. Zum besseren Verständnis dieser Regelung möchte ich kurz die Funktion der Forderung für die Übertragung der Hypothek darstellen. Gemäß § 1153 Abs. 1 BGB geht die Hypothek mit der Übertragung der Forderung auf den neuen Gläubiger über. Ohne die Forderung kann die Hypothek nicht übertragen werden, wie Abs. 2 klarstellt. Die Hypothek ist also streng akzessorisch. **95**

Ohne die Regelung des § 1138 BGB würde ein Erwerb der Hypothek immer dann ausscheiden, wenn die gesicherte Forderung nicht existiert. Dass die Hypothek trotzdem zugunsten des Veräußerers im Grundbuch eingetragen ist, wäre unerheblich. § 1138 BGB fingiert deshalb das Bestehen der Forderung, um einen Übergang der Hypothek zu ermöglichen. Der gutgläubige Erwerber wird Inhaber der Hypothek, nicht jedoch der nicht existenten Forderung.[55] Man spricht hier auch von einer forderungsentkleideten Hypothek.

bb) Wie ist nun der Fall zu behandeln, dass Hypothek und Forderung bestehen, aber nicht für den eingetragenen Hypothekengläubiger: Kann ein gutgläubiger Dritter von diesem Hypothek und Forderung erwerben? **96**

Die Hypothek ganz gewiss. Hier gilt wiederum § 1138 BGB.

Ob aber dieser Erwerb der Hypothek auch den Übergang der Forderung nach sich zieht, ist umstritten.[56]

Eine Ansicht bejaht dies zumindest für die Verkehrshypothek.[57] Hypothek und Forderung dürften nicht getrennt werden. Diese Ansicht wird deshalb als Einheitstheorie bezeichnet. Sie stützt ihre Auffassung auf § 1153 Abs. 2 BGB, wonach Forderung und Hypothek nicht getrennt übertragen werden könnten. Dieses Ergebnis stellt eine Ausnahme zu dem Grundsatz dar, dass Forderungen nicht vom Nichtberechtigten erworben werden können.

---

[55] Allg. Auffassung, vgl. Palandt/*Bassenge*, § 1138 Rn. 6.

[56] Einen Überblick über den Streitstand gibt *Karper*, JuS 1989, 33 ff.

[57] Vgl. *Hildesheim*, JuS 1990, 913 f.; *Karper*, JuS 1989, 33 (34); *Schwintowski*, JuS 1990, 49; alle m.w.N.

Die Gegenauffassung lehnt den Forderungserwerb ab.[58] Ein gutgläubiger Forderungserwerb sei generell ausgeschlossen. Es gebe keinen Grund, hiervon abzuweichen. Diese Ansicht wird als Trennungstheorie bezeichnet. Sie akzeptiert keine Ausnahme vom grundsätzlichen Ausschluss des Forderungserwerbs vom Nichtberechtigten, sondern wendet diesen Grundsatz konsequent an.

97 Kern dieses Streits ist die Frage, ob ein Schutzbedürfnis des Eigentümer-Schuldners besteht, also des Schuldners der Forderung, der zugleich Eigentümer des hypothekarisch belasteten Grundstücks ist.

Der Schuldner der gesicherten Forderung kann aus dieser in Anspruch genommen werden. Der Eigentümer des mit der Hypothek belasteten Grundstücks muss gemäß § 1147 BGB grundsätzlich die Zwangsvollstreckung dulden. Im Normalfall ist der Eigentümer, der zugleich Schuldner ist, vor einer doppelten Inanspruchnahme, nämlich aus Hypothek und Forderung, dadurch geschützt, dass er durch die Leistung auf die Forderung gemäß § 1163 Abs. 1 S. 2 BGB die Hypothek als Eigentümergrundschuld nach § 1177 Abs. 1 BGB erwirbt. Bei Befriedigung aus dem Grundstück erlischt neben der Hypothek, die nach § 1181 Abs. 1 BGB erlischt, auch die Forderung gemäß § 362 Abs. 1 BGB.

Würden Hypothek und Forderung auseinander fallen, könnte der Eigentümer-Schuldner die Hypothek trotz Zahlung auf die Forderung nicht erwerben. Dies bliebe folgenlos, wenn er hiervon Kenntnis hat. Er könnte dann gemäß §§ 1144, 273 Abs. 1 BGB die Leistung gegenüber dem Forderungsgläubiger verweigern, solange ihm dieser entgegen § 1163 Abs. 1 S. 2 BGB nicht die Hypothek verschaffen kann. Hat er auf die Hypothek geleistet, erlischt die Forderung; dies könnte er dem Forderungsgläubiger entgegenhalten.[59]

98 Was gilt jedoch, wenn der Eigentümer-Schuldner keine Kenntnis davon hätte, dass Forderungs- und Hypothekengläubiger nicht dieselbe Person sind?

Die Möglichkeit einer Einrede oder Einwendung bliebe dann rein theoretisch. Er liefe tatsächlich Gefahr, doppelt in Anspruch genommen zu werden.

Die Trennungstheorie hält ihn dennoch für ausreichend geschützt, da er im Innenverhältnis Regressansprüche habe.[60] Hierbei wird dem Eigentümer-Schuldner jedoch das Insolvenzrisiko des Zahlungsemp-

---

[58] Vgl. MünchKomm/*Eickmann*, § 1153 Rn. 13; *Büdenbender*, JuS 1996, 674; jeweils m.w.N.

[59] *Karper*, JuS 1989, 33 (34).

[60] Vgl. hierzu die Darstellung bei *Karper*, JuS 1989, 33 (34).

fängers übergebürdet, ohne dass er eine Ursache für das Auseinanderfallen von Forderung und Hypothek gesetzt hätte.

Die Gefahr einer auch endgültigen doppelten Inanspruchnahme vermeidet nur die Einheitslehre. Ihr ist deshalb zu folgen. Die damit verbundene Ausnahme von dem Grundsatz, dass eine Forderung nur vom Berechtigten erworben werden kann, ist hinzunehmen.

Ich danke Ihnen sehr für Ihre Aufmerksamkeit!

C. Literatur zur Vertiefung

Härtlein, Die Rechtsstellung des Schuldners einer abgetretenen Forderung, JuS 2007, 1073 ff.; *Schreiber*, Die Forderungsabtretung, Jura 2007, 266 ff.; *Petersen*, Rechtsgeschäftliche Abtretungsverbote im Handelsrecht, Jura 2006, 680 f.; *Berger/Göhmann*, Zahlung an den ehemaligen Hypothekar, Jura 2005, 561; *Meyer/von Varel*, Die Sicherungszession, JuS 2004, 192 ff.; *Coester-Waltjen*, Die Abtretung, Jura 2003, 23 ff.; *Schreiber*, Hypothekenrecht, Jura 2002, 109 ff.; *ders.*, Vertraglicher und gesetzlicher Forderungsübergang, Jura 1998, 470 ff.; *Ahcin/Armbrüster*, Grundfälle zum Zessionsrecht, JuS 2000, 450 ff., 549 ff., 658 ff., 768 ff., 865 ff., 965 ff.; *Henssler*, Der allzu großzügige Lieferant, JuS 2000, 156 ff.; *Reischl*, Grundfälle zu den Grundpfandrechten, JuS 1998, 125 ff., 220 ff., 318 ff., 414 ff. 516 ff., 614 ff.; *Büdenbender*, Grundsätze des Hypothekenrechts, JuS 1996, 665 ff.

Aufgabe 2: Der Eigentumsvorbehalt

A. Aufgabenstellung

99 1. Geben Sie einen kurzen Überblick über die verschiedenen Arten des Eigentumsvorbehalts!

2. Mietwagenunternehmer V verkauft dem Gebrauchtwagenhändler K ein Fahrzeug zum Preis von € 10.000. Vereinbart war Barzahlung bei Übergabe. Zum vereinbarten Übergabetermin erscheint K jedoch ohne Geld und erklärt, es bestehe ein kurzfristiger finanzieller Engpass, den er aber innerhalb der nächsten zwei Wochen mit Sicherheit beheben könne. V lässt sich überreden, dem K, den er seit vielen Jahren kennt, den Wagen trotzdem zu übergeben. Er besteht aber darauf, den Fahrzeugbrief bis zur Bezahlung zu behalten.

Wer ist Eigentümer des Wagens?

B. Lösungshinweise

I. Vortragsgliederung

1. Arten der Eigentumsvorbehalte
   a) Einleitung
   b) Einfacher Eigentumsvorbehalt
   c) Verlängerter Eigentumsvorbehalt
   d) Erweiterter Eigentumsvorbehalt
   e) Weitergeleiteter Eigentumsvorbehalt
   f) Nachgeschalteter Eigentumsvorbehalt

2. Eigentum am Wagen
   a) Sachverhalt
   b) Eigentumserwerb des K

II. Vortragsvorschlag

Sehr geehrte Damen und Herren, **100**

in meinem Vortrag werde ich mich zunächst mit den verschiedenen Arten des Eigentumsvorbehalts beschäftigen.

1. a) Ich möchte zunächst die Funktion des Eigentumsvorbehalts erläutern.

Gemäß § 433 Abs. 1 S. 1 BGB ist der Verkäufer einer Sache ver- **101**
pflichtet, dem Käufer das Eigentum an der Sache zu verschaffen. Der Käufer schuldet gemäß Abs. 2 den Kaufpreis. Aus § 320 BGB folgt, dass diese Verpflichtungen nur Zug um Zug erfüllt werden müssen. Kann der Käufer den Kaufpreis nicht zahlen, muss der Verkäufer die Sache auch noch nicht übereignen.

Insbesondere im Wirtschaftsverkehr kann jedoch das Bedürfnis des Käufers entstehen, die Sache bereits zu nutzen, beispielsweise, um so den Kaufpreis zu erwirtschaften. Ist der Verkäufer bereit, dem Käufer die Sache schon vor vollständiger Zahlung zu überlassen, hat er zum einen ein Interesse an der Sicherung seines Zahlungsanspruchs, zum anderen muss er verhindern, dass weitere Gläubiger des Käufers auf die Sache zugreifen können. Diesen Interessen dient der Eigentumsvorbehalt.

102 Im Folgenden werde ich einen kurzen Überblick über die Arten des Eigentumsvorbehalts geben[61] und dabei auf den einfachen, den verlängerten, den erweiterten, den weitergeleiteten und den nachgeschalteten Eigentumsvorbehalt eingehen.

103 b) Der einfache Eigentumsvorbehalt erfasst die zuvor dargestellte Konstellation, in der der Käufer die Kaufsache behalten will. Verkäufer und Käufer einigen sich zwar über den Eigentumsübergang. Diese Einigung steht allerdings regelmäßig unter der aufschiebenden Bedingung vollständiger Kaufpreiszahlung, wie sich aus § 449 Abs. 1 BGB ergibt.

Das Eigentum geht deshalb gemäß § 158 Abs. 1 BGB erst auf den Käufer über, wenn diese Bedingung eingetreten ist. Da die Sache bis dahin weiterhin im Eigentum des Verkäufers steht, können dritte Gläubiger zur Befriedigung ihrer Forderungen nicht auf sie zugreifen. Der Vorbehaltskäufer erlangt allerdings ein Anwartschaftsrecht an der Sache. Gleichzeitig ist er davor geschützt, dass der Verkäufer in der Zwischenzeit das Eigentum auf einen Dritten überträgt, denn gemäß § 161 Abs. 1 BGB ist eine solche Verfügung dem Vorbehaltskäufer gegenüber unwirksam. Zwar ist nach Abs. 3 ein gutgläubiger Erwerb denkbar. Dieser ist jedoch dadurch erschwert, dass der Vorbehaltsverkäufer nicht im Besitz der Sache ist.

Aus der Konstruktion des Eigentumsvorbehalts als bedingte Übereignung wird deutlich, dass Gegenstand des Eigentumsvorbehalts nur eine bewegliche Sache sein kann, denn gemäß § 925 Abs. 2 BGB ist eine nur bedingte Einigung über den Eigentumsübergang an einem Grundstück unwirksam.

104 c) Will der Käufer die Kaufsache nicht selbst nutzen, sondern an einen Dritten im Rahmen seines Geschäftsbetriebes weiterveräußern, wäre ein einfacher Eigentumsvorbehalt hinderlich, denn dieser erlaubt die Weiterveräußerung gerade nicht. Der Vorbehaltskäufer könnte gegenüber einem Dritten seiner Pflicht zur Eigentumsverschaffung jedenfalls auch nicht sofort nachkommen.

Deshalb wird in dieser Konstellation regelmäßig ein verlängerter Eigentumsvorbehalt vereinbart. Über die bedingte Übereignung hinaus wird der Vorbehaltsverkäufer ermächtigt, die Sache weiterzuveräußern. Gleichzeitig tritt der Vorbehaltskäufer die dabei entstehende Kaufpreisforderung gegen den Dritten an den Vorbehaltsverkäufer ab. Eine solche Vorausabtretung ist wirksam, soweit die Entstehung der Forderung möglich erscheint und die abgetretene Forderung bestimmt oder bestimmbar

---

[61] Hierzu ausführlich *Leible/Sosnitza*, JuS 2001, 244 ff., 341 ff, 449 ff., 556 ff.

bezeichnet ist.[62] Darüber hinaus wird der Vorbehaltskäufer regelmäßig ermächtigt, die Kaufpreisforderung im eigenen Namen einzuziehen.

Sehr häufig will der Vorbehaltskäufer die Sache nicht direkt veräu- **105**
ßern, sondern stellt unter ihrer Verwendung eine neue Sache her, die er sodann verkauft. Der Eigentumsvorbehalt des Verkäufers geht ins Leere, wenn der Wert der hergestellten Sache nicht erheblich geringer ist als der Wert des Stoffes, denn dann wird gemäß § 950 BGB der Vorbehaltskäufer als Verarbeiter Eigentümer der neuen Sache und das Eigentum des Vorbehaltsverkäufers erlischt.

In der Praxis trifft man in diesen Fällen häufig auf eine sog. Verarbeitungsklausel, nach der nicht der verarbeitende Käufer, sondern der Verkäufer Eigentümer der neuen Sache werden soll. Die herrschende Lehre hält § 950 BGB für dispositiv und eine solche Vereinbarung deshalb für zulässig.[63] Die Rechtsprechung sieht die Regelung zwar als zwingend an, will aber bei der Frage, wer Hersteller ist, den Willen der Parteien berücksichtigen, der insbesondere in der Verarbeitungsklausel Ausdruck finde.[64] Nach beiden Ansichten wird der Vorbehaltsverkäufer also auch Eigentümer der neu hergestellten Sache.

d) Während durch den einfachen und verlängerten Eigentumsvorbe- **106**
halt lediglich die aus der konkreten Lieferung resultierende Forderung des Verkäufers gesichert werden soll, erfasst der erweiterte Eigentumsvorbehalt auch sonstige Forderungen des Verkäufers gegen den Käufer.

e) Im Zusammenhang mit dem verlängerten Eigentumsvorbehalt **107**
habe ich erläutert, dass dort der Käufer häufig ermächtigt wird, die Forderung gegen den Dritten im eigenen Namen einzuziehen. Dies hat für den Vorbehaltskäufer den Vorteil, dass er sein fehlendes Eigentum und damit den Umstand, dass er Waren nur auf Kredit bezieht, nicht aufdecken muss. Beim weitergeleiteten Eigentumsvorbehalt hingegen darf der Vorbehaltskäufer die Sache nur veräußern, wenn er mit dem Dritten vereinbart, dass dieser erst dann Eigentümer wird, wenn die Forderung des Vorbehaltsverkäufers erfüllt ist. Diese Übereignung steht also ebenfalls unter der aufschiebenden Bedingung der Kaufpreiszahlung an den ursprünglichen Vorbehaltsverkäufer.

f) Schließlich ist ein nachgeschalteter Eigentumsvorbehalt möglich. **108**
Bei diesem verpflichtet sich der Vorbehaltskäufer gegenüber dem Vorbehaltsverkäufer, die Sache ebenfalls nur unter Eigentumsvorbehalt

---

[62] Palandt/*Grüneberg*, § 398 Rn. 11.
[63] Vgl. die Nachweise bei *Leible/Sosnitza*, JuS 2001, 449 (455 mit Fn. 66).
[64] Vgl. die Nachweise bei *Leible/Sosnitza*, JuS 2001, 449 (455 mit Fn. 62).

weiterzuveräußern. Im Gegenteil zum weitergeleiteten Eigentumsvorbehalt muss der Vorbehaltskäufer nicht offen legen, dass er selbst nur unter Eigentumsvorbehalt erworben hat.

109 2. Im zweiten Teil meines Vortrags werde ich prüfen, wer im folgenden Fall Eigentümer eines Kraftfahrzeugs geworden ist:

a) V verkauft K ein Fahrzeug zum Preis von € 10.000. Obwohl Barzahlung bei Übergabe vereinbart war, kann K am Übergabetag nicht zahlen. Er kann aber den V überreden, ihm den Wagen trotzdem zu übergeben. Allerdings besteht V darauf, den Fahrzeugbrief bis zur vollständigen Bezahlung zu behalten.[65]

110 b) Da vorliegend eine bewegliche Sache veräußert wird, erfolgt eine Eigentumsübertragung nach den §§ 929 ff. BGB. Ich prüfe deshalb, ob K das Eigentum am Wagen durch Einigung und Übergabe gemäß § 929 S. 1 BGB erlangt hat.

Hierzu müssen sich V und K unbedingt über den Eigentumsübergang geeinigt haben. Diese Einigung kann konkludent durch die Übergabe des Wagens an K erfolgt sein.

111 Fraglich ist, ob etwas anderes daraus folgt, dass V den Fahrzeugbrief bis zur Kaufpreiszahlung behalten will. Hierin könnte die konkludente Vereinbarung eines Eigentumsvorbehalts liegen. Wie gezeigt, stünde die Einigung dann unter der aufschiebenden Bedingung vollständiger Kaufpreiszahlung, die vorliegend noch nicht eingetreten ist.

Dass ein solcher Eigentumsvorbehalt nicht bereits bei Abschluss des Kaufvertrages vereinbart worden ist, ist unerheblich. Es genügt, wenn der Veräußerer bei Abgabe der dinglichen Einigungserklärung den Vorbehalt klar zum Ausdruck bringt.[66]

Dass ein nachträglich erklärter Eigentumsvorbehalt vertragswidrig sein könnte, ist für die Übereignung unerheblich. Allerdings würde man vorliegend den Eigentumsvorbehalt kaum als vertragswidrig bezeichnen können. Zwar hatte sich V im Kaufvertrag zur unbedingten Übereignung verpflichtet. Der nunmehr erklärte Vorbehalt ist jedoch lediglich die Reaktion darauf, dass K seinerseits nicht in der Lage ist, die vertraglich übernommene Pflicht zur Barzahlung zu erfüllen, dennoch aber den Besitz am Fahrzeug erlangen möchte.

Entscheidend ist folglich, ob V bei Übergabe des Wagens an K deutlich zum Ausdruck gebracht hat, dass er sich das Eigentum am

---

[65] Fall nach *BGH* NJW 2006, 3488 ff.; vgl. hierzu die Besprechung von *Fritsche/Würdinger*, NJW 2007, 1037 ff.

[66] Palandt/*Weidenkaff*, § 449 Rn. 11, 20.

Fahrzeug bis zur vollständigen Kaufpreiszahlung vorbehält. Da es an einer ausdrücklichen Erklärung fehlt, kann sich dieser Wille nur daraus ergeben, dass V den Fahrzeugbrief bis zur Kaufpreiszahlung einbehält.

Musste K dies so verstehen, dass V Eigentümer bleiben will, oder **112**
hätte er es auch anders verstehen dürfen, nämlich dahin gehend, dass V lediglich ein Zurückbehaltungsrecht am Brief geltend macht?

Der BGH hat zugunsten der ersten Alternative entschieden: Der Erwerber habe das Einbehalten des Fahrzeugsbriefs auch ohne entsprechende Erläuterung redlicherweise nur dahin verstehen können, dass der Veräußerer seine Kaufpreisforderung sichern und sich deshalb das Eigentum an dem Fahrzeug bis zur Zahlung des Kaufpreises vorbehalten wollte; mit der Entgegennahme des Fahrzeugs habe der Erwerber dieses nur bedingte Übereignungsangebot angenommen.[67] Der Veräußerer bringe mit dem Einbehalten des Fahrzeugsbriefs in aller Regel zum Ausdruck, sich gegen unberechtigte Verfügungen des Erwerbers über das Fahrzeug schützen zu wollen.[68] Diesem Sicherungsinteresse entspräche es nicht, das Einbehalten des Briefs lediglich als Geltendmachung eines Zurückbehaltungsrechts zu verstehen. Allein hierdurch könnte der Veräußerer nicht verhindern, dass der Erwerber das Eigentum auf einen Dritten überträgt, da der Dritte in diesem Fall vom Berechtigten erwerben würde.[69]

Ich danke Ihnen sehr für Ihre Aufmerksamkeit!

C. Literatur zur Vertiefung

Frahm/Würdinger, Der Eigentumserwerb an Kraftfahrzeugen, JuS 2008, 14 ff.; *Habersack/Schürnbrand*, Der Eigentumsvorbehalt nach der Schuldrechtsreform, JuS 2002, 833 ff.; *Schmidt-Recla*, Grundstrukturen und Anfänge des Eigentumsvorbehalts – insbesondere des Anwartschaftsrechts, JuS 2002, 759 ff.; *Leible/Sosnitza*, Grundfälle zum Recht des Eigentumsvorbehalts, JuS 2001, 244 ff., 341 ff., 449 ff., 556 ff.; *Bülow*, Einführung in das Recht der Kreditsicherheiten, Jura 1995, 198 ff., Jura 1996, 190 ff.; *Hoffmann*, Formen des Eigentumsvorbehalts, Jura 1995, 457 ff.

[67] *BGH* NJW 2006, 3488 (3489 Rn. 10).
[68] *BGH* NJW 2006, 3488 (3489 Rn. 13).
[69] *BGH* NJW 2006, 3488 (3489 Rn. 14).

Aufgabe 3: Factoring

A. Aufgabenstellung

113 1. Die Factoringbank B möchte in das Kreditgeschäft einsteigen und insbesondere Darlehen an mittelständische Unternehmen vergeben.

Mit der Erstellung der „Allgemeinen Bedingungen für die Kreditvergabe" wurde eine externe Anwaltskanzlei beauftragt, die u.a. die folgenden Klauseln entworfen hat:

> *7.1. Der Kreditnehmer tritt als Sicherheit bereits jetzt sämtliche bestehenden und künftigen Forderungen gegen Dritte an die Kreditgeberin ab.*
>
> *7.4. Erreicht der realisierbare Wert der nach 7.1. abgetretenen Forderungen 110 % der noch offenen Kreditsumme nebst Zinsen, kann der Kreditnehmer die Prüfung einer Freigabe verlangen. Die Kreditgeberin ist sodann verpflichtet zu prüfen, ob und gegebenenfalls welche Forderungen freigegeben werden.*
>
> *7.7. Weist der Kreditnehmer nach, dass eine von der Abtretung nach 7.1. erfasste Forderung aus dem Verkauf einer Sache herrührt, die er unter dem verlängerten Eigentumsvorbehalt eines Lieferanten erworben hat, kann er die Freigabe dieser Forderung durch schriftliche Anzeige an die Kreditgeberin verlangen.*

Der Justitiar der B bittet Sie um Prüfung der Wirksamkeit dieser Klauseln. (Die Klauseln müssen nicht im Wortlaut wiedergegeben werden.)

2. Gilt das unter 1. zu Klausel 7.7. gefundene Ergebnis auch für den weiteren Geschäftszweig der Bank, in dem sie Forderungen ihrer Kunden im Rahmen des Factoring erwirbt?

B. Lösungshinweise

I. Vortragsgliederung

1. Ausgangsfall
   a) Grundsätze der AGB-Inhaltskontrolle
   b) Klausel 7.1.: Globalzession
   c) Klausel 7.4.: Übersicherung
   d) Klausel 7.7.: Kollision mit verlängertem Eigentumsvorbehalt
      aa) Funktion des verlängerten Eigentumsvorbehalts
      bb) Prioritätsprinzip
      cc) Verzichtsklausel
2. Abwandlung: Factoring
   a) Factoring
   b) Kollision mit verlängertem Eigentumsvorbehalt
      aa) Echtes Factoring
      bb) Unechtes Factoring

II. Vortragsvorschlag

Sehr geehrte Damen und Herren, **114**

in meinem Vortrag werde ich mich mit der Prüfung der Wirksamkeit von Allgemeinen Geschäftsbedingungen einer Bank für die Kreditvergabe an mittelständische Unternehmen beschäftigen. Ausgangspunkt der Prüfung ist dabei eine Klausel, die eine Sicherungsabtretung sämtlicher künftigen Forderungen des Kreditnehmers gegen Dritte enthält. Eine Klausel werde ich auch für den Fall prüfen, dass die Bank die Forderungen im Wege des Factoring erwirbt.

1. a) Eine Inhaltskontrolle Allgemeiner Geschäftsbedingungen hat **115**
grundsätzlich anhand der §§ 307 ff. BGB zu erfolgen. Dabei sind die spezielleren Klauselverbote der §§ 308, 309 BGB gemäß § 310 Abs. 1 S. 1 BGB nur dann anwendbar, wenn die AGB nicht gegenüber einem Unternehmer gestellt werden. Unternehmer ist gemäß § 14 Abs. 1 BGB jede natürliche oder juristische Person oder eine rechtsfähige Personengesellschaft, die bei Abschluss eines Rechtsgeschäfts in Ausübung ihrer gewerblichen oder selbständigen beruflichen Tätigkeit handelt.

Da die Bank vorliegend Kredite an mittelständische Unternehmen vergeben will, kommt nur eine Verwendung gegenüber Unternehmern in Betracht. Meine Inhaltskontrolle der Klauseln muss deshalb anhand von § 307 BGB erfolgen.

Danach sind AGB unwirksam, wenn sie den Vertragspartner unangemessen benachteiligen.

116 b) Nach Klausel 7.1. muss der Kreditnehmer sämtliche bestehenden und künftigen Forderungen gegen Dritte auf die Bank übertragen.

Gegen die Wirksamkeit dieser Klausel könnte zunächst sprechen, dass die Abtretung Forderungen erfasst, die noch nicht entstanden sind. Allerdings können nach einhelliger Auffassung auch künftige Forderungen abgetreten werden, soweit die Entstehung der Forderung möglich erscheint und die abgetretene Forderung bestimmt oder bestimmbar bezeichnet ist.[70]

Diese Globalzession könnte jedoch den Kreditnehmer wegen des Umfangs der Abtretung unangemessen benachteiligen. Allerdings hat die Bank ein schützenswertes Interesse, ihren Anspruch auf Rückzahlung des Darlehns abzusichern. Diese Sicherheit wäre gefährdet, wenn sie sich nur bestehende Forderungen abtreten lassen würde. Werden diese erfüllt, erlischt die Sicherheit. Deshalb sollen an die Stelle solcher Forderungen neue treten.[71] Aus diesem Grund ist die Globalzession branchenüblich, worauf gemäß § 310 Abs. 1 S. 2 BGB bei der Inhaltskontrolle angemessen Rücksicht zu nehmen ist.

Die Klausel 7.1. ist somit wirksam.

117 Die Abtretung sämtlicher künftigen Forderungen birgt für die Bank jedoch das Risiko der Sittenwidrigkeit des Kreditvertrages gemäß § 138 Abs. 1 BGB durch nachträgliche Übersicherung bzw. die Kollision mit einem verlängerten Eigentumsvorbehalt. Dieses Risiko sollen die Klauseln 7.4. und 7.7. ausschließen.

118 c) Klausel 7.4. erfasst die Fälle der nachträglichen Übersicherung. Von Übersicherung ist auszugehen, wenn der Wert der gesicherten Forderungen nicht nur unerheblich hinter dem der zur Sicherheit abgetretenen Forderungen zurückbleibt und hierdurch die wirtschaftliche Bewegungsfreiheit des Sicherungsgebers unangemessen beschränkt wird.[72] Diese Gefahr einer nachträglichen Übersicherung entsteht dadurch, dass sämtliche von der Globalzession erfassten Forderungen automatisch in das Vermögen der Bank gelangen, während der Wert der gesicherten Forderung der Bank durch Zahlungen des Kreditnehmers stetig geringer wird.

---

[70] Palandt/*Grüneberg*, § 398 Rn. 11.
[71] Vgl. *Kind*, Jura 2001, 92 (93).
[72] *BGH* NJW 1998, 2047.

Um einer Übersicherung zu begegnen, soll der Kreditnehmer nach Klausel 7.4. einen Anspruch gegen die Bank auf Prüfung der Freigabe haben, wenn der Wert der abgetretenen Forderungen 110 % der noch offenen Kreditsumme erreicht.

Diese Klausel würde den Kreditnehmer nach § 307 Abs. 2 Nr. 2 BGB unangemessen benachteiligen, wenn sie wesentliche Rechten und Pflichten, die sich aus der Natur des Vertrages ergeben, so einschränkte, dass die Erreichung des Vertragszwecks gefährdet ist. **119**

Insoweit ist folgendes zu berücksichtigen: Werden Sicherheiten schon vor Ablauf der Vertragszeit nicht mehr benötigt, hat der Sicherungsgeber bereits aus der Sicherungsabrede einen Anspruch auf Freigabe.[73] Dies folgt direkt aus dem Treuhandcharakter des Sicherungsvertrages.[74] Dieses Forderungsrecht des Sicherungsgebers wird eingeschränkt, wenn die Freigabe im Ermessen des Sicherungsnehmers steht.[75] Diese Einschränkung benachteiligt den Sicherungsgeber unangemessen, da er nicht unmittelbar über die nicht benötigten und deshalb herauszugebenden Sicherheiten frei verfügen kann und zudem das Insolvenzrisiko der Bank trägt.[76]

Die Klausel 7.4. ist deshalb unwirksam.

d) Ich prüfe nun die Klausel 7.7., die das Problem aufgreift, das entsteht, wenn eine im Voraus an die Bank abgetretene Forderung von einem verlängerten Eigentumsvorbehalt erfasst wird. **120**

aa) Um diesen Konflikt zu verstehen, muss man sich zunächst die Funktion des verlängerten Eigentumsvorbehalts verdeutlichen.[77] Bekanntlich bewirkt ein Eigentumsvorbehalt, dass der Verkäufer einer Sache bis zur vollständigen Zahlung des Kaufpreises ihr Eigentümer bleibt. Die dingliche Einigung steht unter der aufschiebenden Bedingung vollständiger Kaufpreiszahlung. Solange der Käufer die Sache behalten will, birgt das auch keine weiteren Probleme. Anders ist es aber, wenn der Käufer als Händler die Sache weiterveräußern muss, um den Kaufpreis bezahlen zu können. Hier hilft der verlängerte Eigentumsvorbehalt: Der Käufer darf die Sache an einen Dritten veräußern. An die Stelle des vorbehaltenen Eigentums tritt die dabei entstehende Kaufpreisforderung, die der Vorbehaltskäufer bereits bei der

---

[73] *BGH* NJW 1998, 671 (672); siehe hierzu die Besprechung von *Schwab*, JuS 1999, 740 ff.

[74] *BGH* NJW 1998, 671 (672).

[75] *BGH* NJW 1998, 671 (672).

[76] *BGH* NJW 1998, 671 (673).

[77] Vgl. ausführlich *Leible/Sosnitza*, JuS 2001, 449 ff.

Vereinbarung des verlängerten Eigentumsvorbehalts – und damit im Voraus – an den Vorbehaltsverkäufer abgetreten hat. Der Vorbehaltskäufer ist regelmäßig zur Einziehung der Forderung beim Dritten ermächtigt.

Und genau hier wird es problematisch: Denn durch die Globalzession ist die Forderung des Vorbehaltskäufers gegen den Dritten ja bereits auf die Bank übertragen worden. Es kollidieren also zwei Vorausabtretungen.

121 bb) Dieser Konflikt wäre einfach zu lösen, wenn man sich lediglich des Prioritätsprinzips bedienen würde, das besagt, dass von mehreren Abtretungen derselben Forderung nur die erste wirksam ist und die folgenden ins Leere gehen. Praktisch würde das bedeuten, dass alle verlängerten Eigentumsvorbehalte unwirksam wären, da der Vorbehaltskäufer sämtliche künftigen Forderungen aus seinem Geschäftsbetrieb bereits im Voraus an die Bank abgetreten hat.

Für den Händler entstünde aber folgendes Dilemma: Er ist auf Lieferungen angewiesen. Da er die daraus entstehenden Forderungen nicht sofort erfüllen kann, sind die Lieferanten nicht bereit, ihm unbedingtes Eigentum zu übertragen. Würde er die Globalzession offen legen, wäre er zur Weiterveräußerung nicht ermächtigt, da der Vorbehaltsverkäufer als Eigentümer der Kaufsache in deren Weiterveräußerung nur deshalb einwilligt, weil nach seiner Vorstellung an die Stelle des Eigentums die Forderungen gegen den Dritten treten. Um weiter beliefert zu werden, müsste der Händler seinem Lieferanten die Globalzession verschweigen. Mit der Weiterveräußerung würde er dann jedoch eine Vertragsverletzung begehen.[78] Die Globalzession verleitet den Händler letztlich also zu vertragsbrüchigem Verhalten.

122 cc) Nach Auffassung des Bundesgerichtshofs ist das jedenfalls dann sittenwidrig, wenn die Bank weiß, dass der Händler seine Waren üblicherweise unter verlängertem Eigentumsvorbehalt geliefert bekommt.[79] Die Globalzession wäre gemäß § 138 Abs. 1 BGB nichtig. Nach anderer Auffassung soll die Sittenwidrigkeit auf der Knebelung des Kreditnehmers beruhen, weil dessen Betrieb durch die Globalzession gewissermaßen lahm gelegt würde.[80]

123 Um dieser Gefahr der Nichtigkeit zu begegnen, will die B-Bank in Klausel 7.7. regeln, dass im Kollisionsfalle der Vorbehaltsverkäufer gegen die Bank einen Anspruch auf Freigabe der konkreten Forderungen haben soll.

---

[78] Vgl. zuletzt *BGH* NJW 1987, 487 (490); NJW 1994, 445 f.

[79] *BGH* NJW 1987, 487 (490).

[80] *Medicus/Petersen*, Rn. 527. Dazu im Überblick *Petersen*, Jura 2005, 387 ff.

Es ist aber fraglich, ob diese Klausel wirklich die Interessen des Vorbehaltsverkäufers umfassend wahrt. Dies ist zum einen zweifelhaft, weil der Vorbehaltsverkäufer das Insolvenzrisiko der Bank trägt, denn im Insolvenzfalle wird die Forderung Teil der Insolvenzmasse. Zum anderen läuft der Vorbehaltsverkäufer Gefahr, in einen langwierigen Rechtsstreit mit der Bank um die Freigabe der Forderung verwickelt zu werden.

Der Bundesgerichtshof hat deshalb entschieden, dass eine Verzichtsklausel, die dem Vorbehaltsverkäufer nur einen Freigabeanspruch einräumt – eine sog. schuldrechtliche Teilverzichtsklausel – die Sittenwidrigkeit nicht beseitigen könne. Hierzu müsse die Klausel dingliche Wirkung haben, das heißt, im Kollisionsfall muss die Forderung unmittelbar frei werden, sog. dingliche Teilverzichtsklausel.[81]

Die Klausel 7.7. ist in ihrer aktuellen Form also unwirksam und müsste entsprechend angepasst werden.

2. Abschließend soll es um die Frage gehen, ob die Klausel 7.7. **124**
auch dann unwirksam wäre, wenn die Bank die Forderungen durch echtes Factoring erwerben würde.

a) Auch beim Factoring überträgt ein Unternehmer seine Forderungen gegen Dritte durch Globalzession auf den Factor; nach Entstehung der Forderung zahlt der Factor den Gegenwert der Forderung abzüglich einer Provision.[82]

Zieht der Factor die Forderung gegen den Dritten auf eigene Rechnung ein, spricht man von echtem Factoring. Der Factor trägt hier das Risiko der Zahlungsunfähigkeit des Dritten. Der Unternehmer darf die Zahlung des Factors also auch dann behalten, wenn dieser selbst seine Forderung nicht realisieren kann.

Dagegen zieht beim unechten Factoring der Factor die Forderung auf Rechnung des Unternehmers ein. Zahlt der Dritte nicht, muss der Unternehmer die empfangenen Zahlungen an den Factor zurückgewähren. Auch hier kann es also zu Kollisionen zwischen der Factoring-Globalzession und einem verlängertem Eigentumsvorbehalt kommen.

b) aa) Das zuvor erörterte Problem der Sittenwidrigkeit entsteht je- **125**
doch beim echten Factoring nicht.[83] Der Unternehmer hat den Gegenwert der Forderung abzüglich Provision vom Factor erhalten und kann diesen im Sicherungsfall an den Vorbehaltsverkäufer auskehren. Der

---

[81] *BGH* NJW 1979, 365.

[82] Palandt/*Grüneberg*, § 398 Rn. 34; ausführlich *Jork*, JuS 1994, 1019 (1022 ff.).

[83] *BGH* NJW 1977, 2207 (2208).

Vorbehaltsverkäufer steht also nicht schlechter, als wenn der Vorbehaltskäufer die Forderung beim Dritten direkt einziehen würde. Die Klausel 7.7. ist für diesen Fall also überflüssig.

bb) Anders beim unechten Factoring: Hier besteht die Gefahr, dass der Vorbehaltskäufer die empfangene Zahlung zurückgewähren muss. Nach Auffassung des BGH soll deshalb dasselbe gelten wie für die Kollision des verlängerten Eigentumsvorbehalts mit einer Sicherungsglobalzession.[84] Die Klausel 7.7. wäre wegen des nur schuldrechtlichen Teilverzichts also unwirksam.

Ich danke Ihnen sehr für Ihre Aufmerksamkeit!

C. Literatur zur Vertiefung

Fischinger, Einführung ins Factoring, JA 2005, 651 ff.; *Härtlein*, Kollision zwischen Factoring und Globalzession, JA 2001, 808 ff.; *Jork*, Factoring, verlängerter Eigentumsvorbehalt und Sicherungsglobalzession in Kollisionsfällen, JuS 1994, 1019 ff.; *Blaurock*, Grundstruktur und aktuelle Fragen des Factoring, JA 1989, 274 ff.

---

[84] *BGH* NJW 1982, 164 (166).

Aufgabe 4: Jungbulle und Versäumnisurteil

A. Aufgabenstellung

1. Im sog. „Jungbullenfall" hatte D dem E einen Jungbullen gestohlen und an den gutgläubigen G verkauft, der den Bullen zu (Konserven-)Wurst verarbeitete. Der BGH hat E einen Wertersatzanspruch gegen G zugesprochen. 126

Leiten Sie dieses Ergebnis her!

2. Am 3.12. schildert B dem X, der Jura studiert, den folgenden Fall:

Er habe sich am 1.5. auf eine Weltreise begeben, von der erst vor zwei Tagen zurückgekehrt sei. Dabei habe er im Briefkasten mehrere Schreiben vorgefunden. Ein Schreiben des K vom 17.6., in dem dieser die Zahlung von Schmerzensgeld in Höhe von € 3.000,00 wegen eines Unfalls am 22.4. fordert und für den Fall der Nichtzahlung Klage ankündigt. Eine Klagschrift des K, die der Postbote im Auftrag des Amtsgerichts am 11.8. eingeworfen habe; im Umschlag habe sich zudem eine Ladung zur mündlichen Verhandlung auf den 1.10. befunden. Und schließlich ein Versäumnisurteil vom 1.10., das der Postbote ebenfalls im Auftrag des Amtsgerichts am 9.10. in seinen Briefkasten eingelegt habe. B erklärt, er sei nicht bereit, dieses Schmerzensgeld zu zahlen, denn er habe den Unfall nicht verschuldet.

X meint, B könne gegen das Versäumnisurteil aber nichts mehr machen. Das Verfahren sei beendet.

Hat X Recht?
(Eine Wiedergabe des Sachverhalts ist nicht erforderlich.)

B. Lösungshinweise

I. Vortragsgliederung

1. Jungbullenfall
   a) Wertersatzanspruch aus §§ 951 Abs. 1 S. 1, 812 Abs. 1 S. 1 Alt. 2 BGB
      aa) Rechtsverlust
         (1) Keine rechtsgeschäftliche Übereignung
         (2) Verarbeitung
      bb) Rechtsgrundverweis in § 812 BGB
         (1) Kein Vorrang des EBV
         (2) Kein vorrangiges Leistungsverhältnis
            (a) Leistung
            (b) Bereicherungsgegenstand
         (3) Eingriff
      cc) Wertersatz, § 818 Abs. 2 BGB
   b) Ergebnis

2. Einspruch gegen VU
   a) Einspruchsfrist
      aa) Fristablauf
      bb) Fristverlängerung
   b) Wiedereinsetzung in den vorigen Stand

II. Vortragsvorschlag

127 Sehr geehrte Damen und Herren,

mein Vortrag besteht aus zwei Teilen, die jeweils einen Rechtsfall zum Gegenstand haben.

1. Zunächst beschäftige ich mich mit dem sog. Jungbullenfall.[85] D hatte dem E einen Jungbullen gestohlen und an G verkauft, der den Bullen zu Wurst in Konserven verarbeitete.

E hatte daraufhin von G Wertersatz für den Bullen verlangt. Der BGH hat einen solchen Wertersatzanspruch bejaht. Ich werde im Folgenden dieses Ergebnis erläutern.

128 a) Der Wertersatzanspruch kann sich aus §§ 951 Abs. 1 S. 1, 812 Abs. 1 S. 1 Alt. 2 BGB ergeben.

---

[85] *BGH* NJW 1971, 612 ff.; vgl. ausführlich *Hombrecher*, Jura 2003, 333 ff.

aa) Hierfür muss E infolge der Vorschriften der §§ 946 bis 950 einen Rechtsverlust zugunsten des G erlitten haben.

(1) Möglicherweise ist der Eigentumsverlust an G bereits durch die Übereignung von D an G gemäß §§ 929, 932 BGB eingetreten. D und G haben sich über den Eigentumsübergang geeinigt. D hat den Besitz am Bullen auf G übertragen. Dass der Bulle nicht im Eigentum des Besitzers D stand, für den die Eigentumsvermutung des § 1006 Abs. 1 BGB sprach, war für G nicht zu erkennen. Allerdings ist gemäß § 935 Abs. 1 S. 1 BGB ein gutgläubiger Erwerb ausgeschlossen, wenn die Sache – wie hier – dem Eigentümer gestohlen wurde. G konnte deshalb das Eigentum nicht von D erwerben.

(2) In Betracht kommt ein Rechtsverlust durch Verarbeitung nach § 950 Abs. 1 S. 1 BGB. Hat G den Bullen des E verarbeitet und dadurch eine neue Sache hergestellt, deren Wert nicht erheblicher geringer ist als der des Bullen, hat G das Eigentum an dieser neuen Sache erworben. Damit würde gemäß § 950 Abs. 2 BGB das ursprüngliche Eigentum des E am Bullen erlöschen. G hat den Bullen zu Wurstkonserven verarbeitet. Dass der Wert dieser Konserven hinter dem des Bullen zurückbleibt, ist nicht ersichtlich. G ist somit Eigentümer der Wurstkonserven. Ein Rechtsverlust des E ist eingetreten.

bb) Der Wertersatzanspruch des E entsteht jedoch noch nicht unmit- **129**
telbar durch diesen Rechtsverlust. § 951 Abs. 1 S. 1 BGB stellt vielmehr nach allgemeiner Ansicht einen Rechtsgrundverweis in die Vorschrift des § 812 BGB dar.[86] Andernfalls hätte auch derjenige einen Ersatzanspruch, bei dem der Rechtsverlust aufgrund einer wirksamen Vertragsbeziehung planmäßig eintritt, so dass für die Bereicherung des anderen ein Rechtsgrund besteht.

Es sind also die Voraussetzungen des § 812 Abs. 1 S. 1 BGB zu prüfen, wobei hier nur eine Eingriffskondiktion nach Alt. 2 in Betracht kommt, denn G hat den Bullen nicht durch Leistung des E erlangt. Dies werde ich sogleich näher erläutern.

(1) Dieser Anspruch ist nicht durch die vorrangigen Regelungen des **130**
Eigentümer-Besitzer-Verhältnisses ausgeschlossen.

Zwar besagt § 993 Abs. 1 Halbs. 2 BGB, dass der redliche, unverklagte unrechtmäßige Besitzer außerhalb des Anwendungsbereichs der §§ 987 bis 992 BGB nicht auf Nutzungsherausgabe und Schadensersatz haftet. §§ 951, 812 BGB sind jedoch weder auf Nutzungsherausgabe noch auf Schadensersatz gerichtet, sondern auf Wertersatz. Der gutgläubige unrechtmäßige Besitzer soll zwar vor Schadensersatzan-

---

[86] Palandt/*Bassenge*, § 951 Rn. 2.

sprüchen des Eigentümers geschützt werden, nicht aber den zu Unrecht erlangten Wert der Sache behalten dürfen.[87]

131 (2) Der Anspruch könnte aber durch ein vorrangiges Leistungsverhältnis ausgeschlossen sein.

Nach überwiegender Ansicht folgt aus § 812 Abs. 1 S.1 BGB, dass die Nichtleistungskondiktion nur dann Anwendung findet, wenn die Bereicherung nicht durch eine Leistung eingetreten ist, sondern in sonstiger Weise, also anders als durch Leistung.[88] Nur so sei zu gewährleisten, dass der Bereicherungsschuldner lediglich das Entreicherungs- und Insolvenzrisiko desjenigen trägt, den er als Vertragspartner ausgewählt hat.[89]

(a) Unter Leistung ist die bewusste und zweckgerichtete Mehrung fremden Vermögens zu verstehen. Abzustellen ist dabei auf den Empfängerhorizont. Eine Leistung liegt insbesondere dann vor, wenn die bereichernde Vermögensverschiebung zur Erfüllung einer Verbindlichkeit erfolgte. So liegt der Fall hier: G hat den Bullen deshalb erlangt, weil D aus dem Kaufvertrag zur Übereignung verpflichtet war. D hat also geleistet.

(b) Konsequenterweise müsste also eine Eingriffskondiktion des E gegen G ausscheiden. Dieses Ergebnis wird jedoch allgemein für unbillig gehalten.[90]

132 Nach Auffassung des BGH, der sich ein Teil der Literatur angeschlossen hat, muss als Korrektiv § 935 BGB herangezogen werden. Die darin enthaltene Entscheidung des Gesetzgebers, dass der Eigentümer sein Eigentum nicht verlieren kann, wenn ihm die Sache gestohlen wird, dürfe nicht durch das Bereicherungsrecht umgangen werden.[91] Dies folge daraus, dass § 951 BGB eine Rechtsfortwirkung des § 985 BGB für den Fall des gesetzlichen Eigentumserwerbs bedeute.[92]

Die Gegenansicht kommt zu demselben Ergebnis, setzt jedoch beim Bereicherungsgegenstand an. Der Vorrang der Leistungskondiktion gelte nur in Bezug auf die konkret geleistete Rechtsposition. Vorliegend habe D wegen § 935 BGB aber gar nicht das Eigentum am Bullen leisten können. Geleistet habe er lediglich den Besitz. Bezüglich des Eigentums liege deshalb kein vorrangiges Leistungsverhältnis vor. Die Nichtleistungskondiktion könne folglich Anwendung finden.[93]

---

[87] *BGH* NJW 1971, 612 (615).

[88] Vgl. hierzu ausführlich *Lorenz*, JuS 2003, 729 ff., 839 ff.

[89] *Lorenz*, JuS 2003, 729 (731).

[90] Vgl. zum Folgenden die Darstellung bei *Hombrecher*, Jura 2003, 333 (334 f.).

[91] *Hombrecher*, Jura 2003, 333 (334 m.w.N.).

[92] *BGH* NJW 1971, 612 (614).

[93] *Medicus/Petersen*, Rn. 727; vgl. die weiteren Nachweise bei *Hombrecher*, Jura 2003, 333 (334 mit Fn. 14).

Die Nichtleistungskondiktion des E gegen G ist also nicht ausgeschlossen.

(3) G hat das Eigentum an den Wurstkonserven auf Kosten des E **133**
erlangt, denn dieser hat durch die Verarbeitung sein Eigentum am Bullen gemäß § 950 Abs. 2 BGB verloren. Wie ich bereits erläutert habe, liegt ein Rechtsgrund für den Eigentumsverlust nicht in der Übereignung durch D, denn diese war wegen § 935 BGB unwirksam. Dass § 950 BGB keinen Rechtsgrund für die Vermögensverschiebung darstellt, folgt bereits aus § 951 Abs. 1 S. 1 BGB.[94]

cc) Gemäß § 818 Abs. 2 BGB ist G deshalb zum Ersatz des objekti- **134**
ven Wertes des Jungbullen verpflichtet. Fraglich ist aber, ob G in der Höhe des von ihm an D gezahlten Kaufpreis entreichert ist im Sinne des § 818 Abs. 3 BGB. Der BGH lehnt dies zu Recht ab. § 951 BGB sei ein Rechtsfortwirkungsanspruch zu § 985 BGB, der für den Fall des Eigentumsverlusts an dessen Stelle trete. Gegen den Anspruch aus § 985 BGB hätte G jedoch seine Kaufpreiszahlung an D nicht mit Erfolg einwenden können. Bis zur Verarbeitung des Bullen wäre er deshalb zur Herausgabe an E verpflichtet gewesen, ohne Ersatz für seinen Kaufpreis zu erlangen. Diese Wertung des Gesetzgebers müsse auch nach der Verarbeitung fortwirken.[95]

b) Als Ergebnis bleibt deshalb festzuhalten, dass E von G den Ersatz des objektiven Wertes des Bullen gemäß §§ 951 Abs. 1 S. 1, 812 Abs. 1 S. 1 Alt. 2, 818 Abs. 2 BGB verlangen kann.

2. Ich wende mich nun dem zweiten Fall zu, dessen Sachverhalt Ih- **135**
nen bekannt ist.

a) Grundsätzlich ist gegen ein Versäumnisurteil gemäß § 338 S. 1 ZPO ein Einspruch statthaft. Durch den zulässigen Einspruch wird der Prozess gemäß § 342 ZPO in die Lage zurückversetzt, in der er sich vor Eintritt der Versäumnis befand. Es müsste dann also neu verhandelt werden. B könnte sich gegen die Klage verteidigen.

aa) Allerdings beträgt gemäß § 339 Abs. 1 ZPO die Einspruchsfrist **136**
zwei Wochen ab Zustellung des Versäumnisurteils. Das Versäumnisurteil ist dem B am 9.10. durch Einlegen in den Briefkasten zugestellt. Mangels gegenteiliger Angaben im Sachverhalt ist davon auszugehen, dass diese Form der Ersatzzustellung gemäß § 180 ZPO zulässig war. Die Einspruchsfrist ist also am 3.12. bereits abgelaufen.

---

[94] *BGH* NJW 1971, 612 (614).

[95] *BGH* NJW 1971, 612 (615).

bb) Ein Antrag des B an das Gericht, die Einspruchsfrist zu verlängern, wird aus zwei Gründen keinen Erfolg haben: Zum einen handelt es sich um eine Notfrist, die gemäß §§ 224 Abs. 1 und 2 nicht verlängert werden kann. Zum anderen ist eine Fristverlängerung ausgeschlossen, wenn der Verlängerungsantrag erst nach Ablauf der Frist bei Gericht eingeht.[96] Da die Einspruchsfrist abgelaufen ist, könnte X tatsächlich Recht haben.

137 b) Allerdings kann gemäß § 233 ZPO derjenige, der unverschuldet verhindert war, eine Notfrist einzuhalten, Wiedereinsetzung in den vorigen Stand beantragen. Aus § 238 Abs. 1 ZPO folgt, dass B dann noch Einspruch gegen das Versäumnisurteil einlegen könnte. Die zweiwöchige Wiedereinsetzungsfrist des § 234 ZPO könnte B problemlos einhalten, denn er hat erst vor zwei Tagen Kenntnis vom Versäumnisurteil erlangt.

Fraglich ist, ob seine Fristversäumung tatsächlich unverschuldet war. Hierfür spricht zwar, dass B ein halbes Jahr nicht zu Hause war. Offenkundig hatte er für diese Zeit aber auch niemanden beauftragt, seinen Briefkasten zu leeren. Das könnte zumindest fahrlässig gewesen sein. Allerdings besteht keine allgemeine Pflicht, dafür zu sorgen, dass während der eigenen Abwesenheit die Post von einem Dritten entgegen genommen wird. Etwas anderes gilt nur, wenn konkrete Anhaltspunkte bestehen, dass eine Klage droht.[97] Das ist hier nicht ersichtlich. Das Anspruchsschreiben des K hat den B auch erst nach Antritt der Weltreise erreicht. Dass B schon vorher damit rechnen musste, verklagt zu werden, lässt sich dem Sachverhalt nicht entnehmen. B hat deshalb die Einspruchsfrist unverschuldet versäumt.

138 Das Gericht wird dem B folglich Wiedereinsetzung gewähren. Das Verfahren ist also noch nicht beendet. X hat nicht Recht.

Ich danke Ihnen sehr für Ihre Aufmerksamkeit!

C. Literatur zur Vertiefung

Wörlen/Leinhas, Rechtsfolgen- und Rechtsgrundverweisungen im BGB, JA 2006, 22 ff.; *Schroeder*, Die Wiedereinsetzung in den vorherigen Stand im Zivilprozess, JA 2004, 636 ff.; *Lorenz*, Bereicherungsrechtliche Dreiecksbeziehungen, JuS 2003, 839 ff.; *Hombrecher*, Bereicherungshaftung nach gesetzlichem Eigentumserwerb im Mehrpersonenverhältnis, Jura 2003, 333; *Repgen*, Stoffes Schicksal, Jura 2002, 267 ff.; *Büdenbender*, Rückgewähransprüche im Bürgerlichen Recht, JuS 1998, 135 ff., 227 ff.; *Giesen*, Grundsätze der Konfliktlösung im Besonderen Schuldrecht, Jura 1995, 234 ff.

---

[96] Zöller/*Stöber*, § 224 Rn. 7.

[97] Vgl. Zöller/*Greger*, § 233 Rn. 23 („Abwesenheit").

Aufgabe 5: Gefälligkeit und Erbensuche

A. Aufgabenstellung

1. Stellen Sie die rechtlichen Probleme der „Gefälligkeit" dar! 139

2. E ist gewerblich als Erbenermittler tätig. Er ermittelt den A als Erben des X. Gegen ein Honorar von 20 % des Erbteils bietet E dem A die Mitteilung weiterer Einzelheiten an. A lehnt das ab, macht auf der Grundlage der von E bereits erhaltenen Informationen selbst den Nachlassverwalter ausfindig und erhält so das Erbe. E ist der Meinung, A sei zur Zahlung des Honorars verpflichtet.

Wie ist die Rechtslage?

B. Lösungshinweise

I. Vortragsgliederung

1. Gefälligkeitsverhältnisse
    a) Gefälligkeitsverträge
    b) Gefälligkeitsverhältnisse und alltägliche Gefälligkeiten
    c) Haftung für Gefälligkeiten

2. Falllösung
    a) Sachverhalt
    b) Vertraglicher Anspruch des E
    c) Berechtigte Geschäftsführung ohne Auftrag
    d) Bereicherungsrecht
    e) Ergebnis

II. Vortragsvorschlag

140 Sehr geehrte Damen und Herren,

mein Kurzvortrag gliedert sich in zwei Teile. Im zweiten Teil präsentiere ich einen Lösungsvorschlag für einen Rechtsfall.

1. Zunächst werde ich jedoch die rechtlichen Probleme der Gefälligkeit darstellen.[98]

141 a) Das Bürgerliche Gesetzbuch kennt verschiedene Typen von Gefälligkeitsverträgen. Diese sind dadurch gekennzeichnet, dass eine Partei eine Leistungspflicht übernimmt, ohne hierfür eine Gegenleistung zu erlangen. Sie tut der anderen Partei einen Gefallen. Solche Gefälligkeitsverträge sind der Auftrag, die Schenkung, die Leihe und die Verwahrung. Als Verträge im rechtlichen Sinne unterliegen sie den allgemeinen Voraussetzungen des Vertragsschlusses, erfordern also zwei übereinstimmende Willenserklärungen. Die Parteien müssen folglich mit dem Willen handeln, sich rechtlich zu binden. Fehlt dieser Wille, kommt ein Vertrag nicht zustande. Der Empfänger der Gefälligkeit hat dann auch keinen Anspruch auf ihre Erbringung. Die andere Partei kann die Gefälligkeit ausführen, muss dies aber nicht tun. Maßgebliches Abgrenzungskriterium zwischen einem Gefälligkeitsvertrag und einer sonstigen Gefälligkeit ist also das Vorliegen eines Rechtsbindungswillens.

---

[98] Vgl. hierzu die Übersichten bei *Medicus/Petersen*, Rn. 365-372a; *Maier*, JuS 2001, 746 ff., und *Schreiber*, Jura 2001, 810 ff.

Ich möchte das an einem kurzen Beispiel erläutern:

A hat einen Urlaubsflug gebucht. Nachbar N erklärt sich bereit, A zum Flughafen in den Nachbarort zu fahren. Als A zur verabredeten Zeit bei N erscheint, hat dieser es sich anders überlegt und ist mit seiner Frau spazieren gegangen.

Die tatsächlichen Probleme für A liegen auf der Hand: Um rechtzei- **142**
tig zum Flughafen zu gelangen, muss sie sich um eine andere Transportmöglichkeit bemühen. Wahrscheinlich nimmt sie ein Taxi, obwohl sie die damit verbundenen Kosten offensichtlich gerade vermeiden wollte. Diese Kosten könnten sie als Schaden von N ersetzt verlangen, wenn dieser rechtlich verpflichtet war, die Fahrt durchzuführen. Er würde dann wegen der Nichtbesorgung des Auftrags haften.

Anspruchsgrundlage für A wäre § 280 Abs. 1 BGB. Müsste man die Weigerung des N als Kündigung verstehen, wäre es § 671 Abs. 2 S. 2 BGB, denn diese Kündigung wäre offenkundig zur Unzeit erfolgt. Im Umkehrschluss heißt das aber, dass N nicht haftet, wenn seine Zusage keine rechtliche Relevanz hatte. Nach dem zuvor Gesagten ist maßgeblich für die Abgrenzung, ob N den Willen hatte, sich rechtlich zu binden. Das ist eine Wertungsfrage des konkreten Einzelfalls.

Entscheidend ist, wie sich das Verhalten des Gefälligen objektiv darstellt. In Rechtsprechung und Lehre sind für diese Abgrenzung bestimmte Kriterien entwickelt worden. Hierzu gehören zunächst die Art der Gefälligkeit, ihr Zweck, Wert und ihre wirtschaftliche und rechtliche Bedeutung für den Empfänger.[99] Vor allem aber muss geprüft werden, welche Gefahr für den Empfänger aus der Nichtleistung der Gefälligkeit resultiert.

Überträgt man diese Kriterien auf den gebildeten Fall, scheint vieles **143**
für einen Rechtsbindungswillen des N zu sprechen: A will zum Flughafen gebracht werden. Dass dies zu einer bestimmten Zeit erfolgen muss, liegt auf der Hand. Führt N die Fahrt nicht durch, läuft A Gefahr, den Flug zu verpassen. Das wäre mit wirtschaftlichen Konsequenzen verbunden. Durch die Zusage des N hatte A auch keine Veranlassung, sich um eine andere Transportmöglichkeit zu bemühen. N hätte deshalb unschwer erkennen können, dass A ein rechtliches Interesse hat, ihn an eine Zusage zu binden. Seine Zusage lässt deshalb objektiv darauf schließen, dass er sich tatsächlich rechtlich verpflichten wollte, die Fahrt durchzuführen.

Führt die Prüfung – anders als hier – zu dem Ergebnis, ein Rechtsbindungswille liegt nicht vor, scheidet, wie gesagt, ein Gefälligkeitsvertrag aus. Ein Anspruch auf Ausführung der Gefälligkeit besteht dann nicht.

---

[99] BGHZ 21, 102 (107).

144 b) Trotzdem kann es natürlich dazu kommen, dass die Gefälligkeit ausgeführt wird. Dabei soll dann zwischen zwei weiteren Arten von Gefälligkeiten unterschieden werden. Eine ist das Gefälligkeitsverhältnis, die andere die alltägliche Gefälligkeit.

Bei den Gefälligkeitsverhältnissen sollen – im Gegensatz zu den alltäglichen Gefälligkeiten – mit der Übernahme der Gefälligkeit (quasi-) vertragliche Sekundärpflichten des Gefälligen entstehen.[100] Eine Haftung des Gefälligen für Schäden, die er bei der Ausführung der Gefälligkeit verursacht, würde sich deshalb nach Vertragsrecht richten, während bei den alltäglichen Gefälligkeiten nur eine deliktische Haftung in Betracht kommt. Praktische Relevanz erlangt dieses Problem dort, wo die deliktische Haftung hinter der vertraglichen zurückbleibt, wie beispielsweise bei Vermögensverletzungen oder durch die Exkulpationsmöglichkeit des § 831 Abs. 1 S. 2 BGB.

Maßgebliches Abgrenzungskriterium ist wiederum der objektiv erkennbare Rechtsbindungswille, diesmal bezogen auf Nebenpflichten, insbesondere Sorgfaltspflichten.[101] Die Abgrenzung erfolgt auch hier nach den bereits genannten Kriterien.

145 c) Im Zusammenhang mit der Haftung des Gefälligen für Schädigungen bei der Ausführung der Gefälligkeit von besonderer Bedeutung ist die Frage nach dem Haftungsmaßstab. Haftet der Gefällige auch für einfache Fahrlässigkeit oder ist seine Haftung auf Vorsatz und grobe Fahrlässigkeit beschränkt?

Für die Gefälligkeitsverträge gelten die gesetzlichen Regelungen. Danach haftet der Schenker, Verleiher und Verwahrer nur für Vorsatz und grobe Fahrlässigkeit[102], der Auftragnehmer auch für einfache Fahrlässigkeit. Diese Haftungsprivilegierungen finden nach überwiegender Auffassung auf die deliktische Haftung entsprechende Anwendung.[103]

146 Lassen sich diese Privilegierungen auf Gefälligkeitsverhältnisse und alltägliche Gefälligkeiten übertragen?

Der BGH sagt: in dieser Allgemeinheit nicht.[104]

Gerade aus der fehlenden Haftungsprivilegierung im Auftragsverhältnis folge, dass eine generelle Besserstellung des Gefälligen gegenüber demjenigen, der für seine Leistung eine Gegenleistung erhält, nicht erfolgen solle. Deshalb würden die Haftungsbeschränkungen für

---

[100] *Maier*, JuS 2001, 747 ff.
[101] *Schreiber*, Jura 2001, 811.
[102] §§ 521, 599, 690 BGB.
[103] *Schreiber*, Jura 2001, 812.
[104] *BGH* NJW 1992, 2474.

Schenker, Verleiher und Verwahrer Ausnahmen darstellen. Allerdings gewährt der BGH in bestimmten Fällen Haftungserleichterungen durch die Annahme eines konkludenten Haftungsausschlusses.[105] Dies gilt vor allem für Gefälligkeitsfahrten, also die Mitnahme von Dritten im eigenen PKW. Hier soll zu prüfen sein, ob die Parteien einen solchen Haftungsausschluss für einfache Fahrlässigkeit vor Fahrtantritt vereinbart hätten, hätten sie dieses Problem bedacht. Ist das der Fall, haftet der Fahrer nur für Vorsatz und grobe Fahrlässigkeit.

In der Literatur wird dagegen teilweise eine generelle Haftungsprivilegierung des Gefälligen gefordert.[106]

Mich überzeugt die Argumentation des BGH unter Bezugnahme auf **147**
die Regelungen des Auftrags. Allerdings darf derjenige, der eine alltägliche Gefälligkeit erbringt, nicht schlechter stehen, als der, der zur Ausführung verpflichtet ist. Deshalb muss im Einzelfall geprüft werden, wie der Gefällige haften würde, hätte er sich zur Ausführung verpflichtet. Dort, wo in diesen Fällen Gefälligkeitsverträge mit Haftungsprivilegierungen vorliegen würden, also Leihe, Schenkung, Verwahrung, muss die dafür im Gesetz vorgesehene Haftungsbeschränkung auf Vorsatz und grobe Fahrlässigkeit entsprechend angewendet werden.

2. Ich komme nun zum zweiten Teil meines Vortrags. **148**

a) Dem zu lösenden Rechtsfall liegt folgender Sachverhalt zugrunde:

Erbensucher E hat den A als Erben ausfindig gemacht und informiert ihn über seine Erbenstellung. Weitere Informationen will er dem A nur geben, wenn dieser 20 % des Erbes als Honorar zahlt. Das lehnt A ab. A gelingt es, sich selbst die erforderlichen Informationen zu beschaffen und das Erbe anzutreten. E verlangt nun von A 20 % des Erbes als Honorar.[107]

b) Ein vertraglicher Anspruch des E auf Zahlung des Honorars **149**
kommt nur in Betracht, wenn die ausdrückliche Ablehnung des Vertragsangebots durch A unbeachtlich ist. Anknüpfungspunkt kann dabei der Umstand sein, dass A eine Vergütung ablehnt, die erlangten Informationen aber trotzdem verwendet. Dies könnte treuwidrig sein.

Fraglich ist aber bereits, ob eine solche Treuwidrigkeit überhaupt zu einer vertraglichen Bindung des A führen kann. Eine solche Einschränkung der Vertragsfreiheit muss auf wenige Ausnahmen beschränkt bleiben.

---

[105] *BGH* NJW 1980, 1681 (1682 m.w.N.).

[106] *Medicus/Petersen*, Rn. 369.

[107] Sachverhalt und Lösungsvorschlag nach *BGH* NJW 2000, 72 ff; vgl. hierzu *Falk*, JuS 2003, 833, 837 ff.

Letztlich kann das hier aber offen bleiben. Voraussetzung der Treuwidrigkeit ist das Vorliegen eines Vertrauenstatbestandes. Ein solcher fehlt hier. E hat dem A die Informationen ungefragt mitgeteilt. Dass er dabei zu Recht darauf vertrauen durfte, dass A die Informationen nur gegen Zahlung eines Honorars verwenden werde, lässt sich nicht begründen. Ein vertraglicher Anspruch scheidet damit aus.

150 c) In Betracht kommt ein Anspruch aus berechtigter Geschäftsführung ohne Auftrag gemäß §§ 683 S. 1, 677 BGB. Dieser ist zwar auf Aufwendungsersatz gerichtet. Der Erbensucher soll allerdings als Aufwendungsersatz die marktübliche Vergütung verlangen können.[108]

Das setzt jedoch voraus, dass E ohne Auftrag ein Geschäft für A geführt hat und diese Geschäftsführung dem Willen des A entsprach.[109]

Ein Geschäft ist fremd, wenn es zum Aufgabenbereich eines anderen gehört.

Ist dies schon nach dem äußeren Erscheinungsbild der Fall, spricht man von einem objektiv fremden Geschäft. Der Fremdgeschäftsführungswille wird dann vermutet.

Dagegen wird ein objektiv neutrales Geschäft erst dann zum fremden, wenn der Fremdgeschäftsführungswille hinreichend deutlich wird.

151 Vorliegend spricht für ein objektiv fremdes Geschäft, dass die Ermittlung der Erbfolge sowohl die Rechte als auch die Interessen der Erben betrifft. Auf der anderen Seite kann diese Erbensuche auch von jedem Dritten im eigenen Interesse durchgeführt werden, ohne dass dies zu Konsequenzen für Erben oder Erbrecht führen würde.

Eine solche Kombination aus fremdem und eigenem Geschäft wird als auch-fremdes Geschäft bezeichnet. Nach wohl herrschender Ansicht sind hierauf grundsätzlich die Regeln der Geschäftsführung ohne Auftrag anwendbar.[110] Der Fremdgeschäftsführungswille wird ebenfalls vermutet. Danach würde ein Aufwendungsersatzanspruch des E grundsätzlich bestehen.

Die Grundsätze des auch-fremden-Geschäfts finden aber dann keine Anwendung, wenn die ersetzt verlangten Aufwendungen im Vorfeld eines Vertragsschlusses getätigt werden, es in der Folge aber nicht zum Vertragsschluss kommt. Denn das Risiko des Scheiterns einer Vertragsverhandlung trägt grundsätzlich jede Partei selbst.[111] Ausnahmen

---

[108] Vgl. die Nachweise bei *Falk*, JuS 2003, 833 (838 mit Fn. 58).

[109] Allgemein zur Geschäftsführung ohne Auftrag *Giesen*, Jura 1995, 255 ff., 288 ff., 344 ff.

[110] Vgl. *Falk*, JuS 2003, 833.

[111] *BGH* NJW 2000, 72 (73); NJW-RR 2006, 656 m.w.N.; Palandt/*Sprau*, § 677 Rn. 7a.

gelten nur nach den Grundsätzen des Verschuldens bei Vertragsverhandlungen gemäß § 311 Abs. 2 BGB.

Danach scheidet der Aufwendungsersatzanspruch des E aus. Er hat die Informationen nur gesammelt, um sie später dem A gegen Entgelt zu überlassen. Dass ihm dies letztlich nicht gelungen ist, fällt in seinen Risikobereich.

d) Aufgrund dieser Risikoverteilung kann der E auch keinen An- **152**
spruch auf § 812 Abs. 1 S. 1 BGB stützen.

e) Im Ergebnis hat E deshalb gegen A weder einen Anspruch auf Honorarzahlung noch auf Aufwendungsersatz.

Ich danke Ihnen sehr für Ihre Aufmerksamkeit!

C. Literatur zur Vertiefung

Wendlandt, Der Dombrandfall – Unechte Gesamtschuld, GoA und Bereicherung, Jura 2004, 325 ff.; *Falk*, Von Titelhändlern und Erbensuchern – Die GoA-Rechtsprechung am Scheideweg, JuS 2003, 833 ff.; *Schreiber*, Haftung bei Gefälligkeiten, Jura 2001, 810 ff.; *Coester-Waltjen*, Der Auftrag, Jura 2001, 567 ff.; *Martinek/Theobald*, Grundfälle zum Recht der Geschäftsführung ohne Auftrag, JuS 1998, 27 ff., JuS 1997, 612 ff., 805 ff., 992 ff.; *Giesen*, Grundsätze der Konfliktlösung im Besonderen Schuldrecht – Das Recht der fremdnützigen Geschäftsbesorgung, Jura 1996, 225 ff.; *ders.*, Das Recht der fremdnützigen Geschäftsbesorgung, Jura 1994, 352 ff.

Aufgabe 6: Aufsichtspflichten

A. Aufgabenstellung

153 Die allein erziehende M geht jeden Sonntag mit ihrer dreijährigen Tochter T in den Park. Während T auf dem Abenteuerspielplatz spielt, blättert M auf einer Bank am Rande des Spielplatzes in Zeitschriften.

An diesem Sonntag sitzt auf einer benachbarten Bank der S mit seinem Hund. Der Hund döst angeleint in der Sonne. T robbt auf den Hund zu und zwickt diesem ins Ohr. Der Hund erschrickt und schnappt nach T. Dabei verletzt er T am Arm. T muss drei Tage stationär behandelt werden.

T verlangt nun von S ein Schmerzensgeld in Höhe von € 500,-. S lehnt das ab. Er sei für den Unfall nicht verantwortlich, schließlich habe er den Hund ordnungsgemäß angeleint. T sei auch alt genug, um zu wissen, dass man nicht Hunde nicht ärgern darf. Zudem sei M verantwortlich, da sie schließlich nicht auf T aufgepasst habe.

1. Kann T von S Zahlung des Schmerzensgeldes verlangen?

(Unterstellen Sie dabei, dass das Schmerzensgeld in der Höhe angemessen ist.)

2. Der behandelnde Arzt der T kann nicht ausschließen, dass bei T Spätfolgen der Armverletzung auftreten, hält dies aber für eher unwahrscheinlich.

Hat T eine prozessuale Möglichkeit, heute schon sicherzustellen, dass S für künftige Schäden infolge des Hundebisses aufkommen muss, wenn S sich weigert, eine solche Ersatzpflicht außerprozessual anzuerkennen?

(Die Wiedergabe des Sachverhalts wird in beiden Fallvarianten erlassen.)

B. Lösungshinweise

I. Vortragsgliederung

1. Anspruch der T gegen S auf Zahlung von Schmerzensgeld
   a) Voraussetzungen des § 833 BGB
   b) Anspruchskürzung
      aa) Mitverschulden der T
      bb) Mitverschulden der M
      cc) Gestörte Gesamtschuld
         (1) Gesamtschuld
         (2) Haftungsbeschränkung, § 1664 BGB
            (a) Voraussetzungen
            (b) Anwendbarkeit auf Aufsichtspflichtverletzungen
         (3) Literaturmeinung
   c) Ergebnis
2. Zulässigkeit einer Klage
   a) Parteifähigkeit, Prozessführungsbefugnis, Prozessfähigkeit
   b) Statthafte Klageart
   c) Ergebnis

II. Vortragsvorschlag

Sehr geehrte Damen und Herren, **154**

in meinem Vortrag werde ich mich mit einem Ihnen bekannten Rechtsfall auseinandersetzen.

1. Ich beginne mit der Frage, ob T von S ein Schmerzensgeld in Höhe von € 500,00 verlangen kann.
Anspruchsgrundlage ist § 253 Abs. 2 BGB i. V. m. § 833 S. 1 BGB.

a) Die Schadensersatzpflicht des S folgt aus § 833 S. 1 BGB. Der Hund des S hat die T durch den Biss verletzt. Die Haftung ist auch nicht nach Satz 2 ausgeschlossen, denn der Hund des S ist kein Nutztier. Nach § 253 Abs. 2 BGB kann T deshalb auch ein Schmerzensgeld verlangen.

b) Fraglich ist allerdings, ob dieser Anspruch der T wegen eines Mit- **155**
verschuldens gemäß § 254 Abs. 1 BGB zu kürzen ist. § 254 BGB ist grundsätzlich auch auf Schmerzensgeldansprüche anwendbar.[112] Denk-

---

[112] Palandt/*Grüneberg*, § 254 Rn. 2.

bar ist sowohl ein Mitverschulden der T selbst als auch ein Mitverschulden der M.

aa) Zunächst zum eigenen Mitverschulden der T. Ein solches anzunehmen, liegt nahe, denn zu dem Biss kam es, weil T dem schlafenden Hund in das Ohr gezwickt hat.

Nach heute allgemeiner Ansicht setzt das Mitverschulden jedoch Schuldfähigkeit voraus. Bloße Mitverursachung genügt grundsätzlich nicht.[113] Die T ist aber erst drei Jahre alt und deshalb gemäß § 828 Abs. 1 BGB noch nicht schuldfähig. Für eine Korrektur dieser gesetzlichen Regelung aus Billigkeitserwägungen, wie sie § 829 BGB grundsätzlich vorsieht, ergeben sich aus dem Sachverhalt keine Gründe.

bb) Möglich erscheint aber ein Mitverschulden der M, die ihre Tochter aus den Augen gelassen hat.

Nach heute allgemeiner Ansicht muss sich der Geschädigte ein Mitverschulden Dritter aber nur unter der Voraussetzung des § 278 BGB zurechnen lassen. § 254 Abs. 2 S. 2 BGB wird allgemein wie ein Absatz 3 behandelt, bezieht sich also auch auf Abs. 1.[114] Nach zutreffender Auffassung handelt es sich dabei um einen Rechtsgrundverweis, so dass zwischen Schädiger und Geschädigtem zum Zeitpunkt des schädigenden Ereignisses bereits eine rechtliche Sonderverbindung vorliegen muss.[115] An die Zurechnung eines anspruchsmindernden Mitverschuldens dürfen keine geringeren Anforderungen gestellt werden als an die Anspruchsentstehung selbst. Vorliegend fehlt es an einer derartigen Sonderverbindung. T und S hatten zuvor keinen Kontakt. T muss sich ein mögliches Verschulden ihrer Mutter nicht anrechnen lassen.

156 cc) Der Schmerzensgeldanspruch der T könnte jedoch nach den Grundsätzen der gestörten Gesamtschuld zu mindern sein.

Als gestörte Gesamtschuld werden solche Gesamtschuldverhältnisse bezeichnet, in denen unter mehreren Gesamtschuldnern mindestens einer gegenüber dem Gläubiger in den Genuss einer vertraglichen oder gesetzlichen Haftungsprivilegierung kommt und deshalb eigentlich keinen Rückgriffsansprüchen der anderen Gesamtschuldner ausgesetzt ist. Wie die gestörte Gesamtschuld zu behandeln ist, ist umstritten und soll davon abhängen, ob eine gesetzliche oder vertragliche Haftungsbeschränkung vorliegt.[116]

---

[113] Palandt/*Grüneberg*, § 254 Rn. 9; etwas anderes gilt, wenn der Geschädigte für die Sach- oder Betriebsgefahr einzustehen hat, a.a.O., Rn. 9 f.

[114] MünchKomm/*Oetker*, § 254 Rn. 126 m.w.N.

[115] Vgl. zu dieser Problematik die Nachweise bei MünchKomm/*Oetker*, § 254 Rn. 127 ff; *Medicus/Petersen*, Rn. 865 ff.

[116] Siehe hierzu die Darstellung bei *Medicus/Petersen*, Rn. 928 ff.

(1) Jedenfalls müsste zunächst ein Gesamtschuldverhältnis zwischen S und M vorliegen. Hierfür muss gemäß § 421 S. 1 BGB auch die M der T auf Zahlung des Schmerzensgeldes haften. 157

Ein Anspruch kann aus §§ 253 Abs. 2, 823 Abs. 1 BGB folgen. Schädigende Handlung der M könnte ein Unterlassen der Beaufsichtigung sein. M ist als Mutter gemäß § 1626 BGB Sorgeberechtigte. Deshalb obliegt ihr die Personensorge, zu der gemäß § 1631 Abs. 1 BGB u.a. auch die Aufsichtspflicht gehört. M war deshalb verpflichtet, die T vor Schäden zu bewahren.[117] Dies hat sie nicht getan, da sie nicht darauf achtete, dass T sich nicht dem Hund nähert. Dem Sachverhalt sind auch keine Anhaltspunkte zu entnehmen, dass ihr diese Pflichtverletzung nicht vorgeworfen werden kann.

(2) Die Haftung der M könnte jedoch gemäß § 1664 Abs. 1 BGB beschränkt sein. 158

(a) Danach haben die gesetzlichen Vertreter bei der Ausübung der elterlichen Sorge dem Kind gegenüber nur für die Sorgfalt einzustehen, die sie in eigenen Angelegenheiten anzuwenden pflegen. Gemäß § 277 BGB befreit dies jedoch nicht von der Haftung für Vorsatz und grobe Fahrlässigkeit.

Nach dem Sachverhalt hat sich M wie immer verhalten. Sie hat sich auf eine Bank neben dem Spielplatz gesetzt, auf dem M spielte. Da sie trotzdem nicht bemerkte, dass M sich dem Hund des S näherte, wird man ihr wohl einen Fahrlässigkeitsvorwurf machen müssen. Grobe Fahrlässigkeit, also das Außerachtlassen der im Verkehr erforderlichen Sorgfalt in besonders hohem Maße, kann man aber sicher nicht begründen.

(b) Zweifelhaft könnte aber sein, ob § 1664 Abs. 1 BGB inhaltlich auf den vorliegenden Fall Anwendung finden kann. 159

Nach einer Auffassung soll diese Haftungsprivilegierung nicht die Verletzung von Aufsichtspflichten gegenüber dem Kind erfassen, da mit dieser Pflicht eine Relativierung der Sorgfaltspflichten nicht vereinbar sei.[118]

Ich schließe mich dieser Auffassung jedoch nicht an. Ein Ausschluss der Aufsichtspflicht lässt sich aus dem Wortlaut des § 1664 BGB nicht ableiten. Es ist auch nicht anzunehmen, dass das Gesetz in § 1664 BGB einen zentralen Bereich der elterlichen Sorge von der Haftungsmilderung ausnehmen würde, ohne dies ausdrücklich anzuordnen. Die Haftungsprivilegierung der Eltern erfasst deshalb auch

---

[117] Vgl. Palandt/*Diederichsen*, § 1631 Rn. 3.

[118] *OLG Stuttgart* VersR 1980, 952, 953; *OLG Karlsruhe* VersR 1977, 232, 233; Palandt/*Diederichsen*, § 1664 Rn. 3; alle m.w.N.

Aufsichtspflichtverletzungen.[119] Ein Anspruch der T gegen M scheitert also am fehlenden Verschulden.

160 Konsequenterweise dürfte deshalb auch keine Gesamtschuld zwischen S und M entstehen, so dass sich das Problem der gestörten Gesamtschuld überhaupt nicht stellen könnte. In diesem Sinne entscheidet der BGH.[120] Danach müsste S das Schmerzensgeld in voller Höhe zahlen.

(3) Nach wohl herrschender Meinung in der Literatur soll aber auch in diesem Fall ein gestörtes Gesamtschuldverhältnis bestehen und der Anspruch des Geschädigten gegen den Drittschädiger von vornherein um den Betrag gekürzt werden, den der Drittschädiger ohne den Haftungsausschluss durch den Rückgriff nach § 426 BGB hätte ersetzt verlangen können.[121] Durch die Haftungsprivilegierung seien die Interessen des Geschädigten ohnehin abgewertet. Das würde bedeuten, dass sich der Anspruch der T gegen S um den Betrag mindern würde, der dem Mitverschuldensanteil der M entspricht.

161 Ich folge dieser Auffassung nicht, sondern schließe mich dem BGH an. Ein Gesamtschuldverhältnis entsteht nach § 421 S. 1 BGB nur, wenn mehrere Schuldner eine Leistung bewirken müssen. Dies setzt Ansprüche des Gläubigers gegen die einzelnen Schuldner voraus. Ein Anspruch der T gegen M besteht aber aufgrund der Haftungsprivilegierung des § 1664 BGB gerade nicht. Würde man den Anspruch der T trotzdem mindern, stünde sie schlechter als im Fall, dass M grob fahrlässig gehandelt hätte und die Haftungsprivilegierung nicht eingreifen würde.

c) T kann von S deshalb ein ungekürztes Schmerzensgeld fordern. Nach dem Sachverhalt sind die verlangten € 500,00 angemessen.

162 2. Nachdem diese Schadensersatzpflicht des S feststeht, komme ich nun zur Abwandlung und damit zu der Frage, ob T eine prozessuale Möglichkeit hat, sicherzustellen, dass S auch künftige Schäden aus dem Unfall ersetzt. Die Pflicht, dies zu tun, ergibt sich aus § 833 S. 1 BGB. Hierzu kann ich auf meine bisherigen Ausführungen Bezug nehmen.

Zu klären ist deshalb nur, ob eine entsprechende Klage der T zulässig wäre. Zweifel könnten erstens wegen ihres Alters bestehen und zweitens, weil noch gar nicht klar ist, ob tatsächlich ersatzfähige Schäden entstehen werden.

---

[119] So auch *OLG Düsseldorf* NJW-RR 1999, 1042; *OLG Hamm* NJW 1993, 542 (543); NJW-RR 1994, 415; MünchKomm/*Huber,* § 1664 Rn. 12 m.w.N.

[120] Grundlegend *BGH* NJW 1988, 2667 (2669 f.); zuletzt NJW 2004, 2892 (2893).

[121] Vgl. Palandt/*Grüneberg*, § 426 Rn. 18; *Medicus/Petersen*, Rn. 933; jeweils m.w.N.

a) Zunächst ist zu prüfen, ob die dreijährige T überhaupt Partei eines Zivilprozesses sein kann. Gemäß § 50 Abs. 1 BGB ist parteifähig, wer rechtsfähig ist. Die Rechtsfähigkeit beginnt nach § 1 BGB mit der Geburt. Das Alter der T ist also ohne Relevanz für ihre Fähigkeit, Partei eines Gerichtsverfahrens zu sein. Sie ist auch zur Führung dieses Prozesses befugt, weil sie ein eigenes Recht geltend macht. **163**

Fraglich ist aber, ob sie den Prozess allein führen kann. Prozessfähig ist gemäß § 52 Abs. 1 ZPO, wer sich durch Verträge verpflichten kann. Das kann die dreijährige T gemäß §§ 105 Abs. 1, 104 Nr. 1 BGB nicht. T muss sich also vertreten lassen. Nach § 51 Abs. 1 ZPO sind dabei die Vorschriften des BGB maßgeblich. Gemäß § 1629 Abs. 1 S. 1 BGB umfasst die elterliche Sorge auch die Vertretung des Kindes. T muss sich also von M vertreten lassen.

b) Zu prüfen ist, ob die Zivilprozessordnung eine Klageart vorsieht, mit der T ihr Begehren verfolgen kann. Grundsätzlich ist ihr Interesse darauf gerichtet, eine Schadensersatzzahlung von S zu erlangen, also eine Leistung. Die prozessual einschlägige Klagart wäre hierfür die Leistungsklage. Eine solche Klage ist gemäß § 253 Abs. 2 Nr. 2 ZPO jedoch nur zulässig, wenn T einen bestimmten, d.h. bezifferten Zahlungsantrag stellt. Dies kann sie aber nicht, da sie noch nicht einmal weiß, ob überhaupt ein ersatzfähiger Schaden entstehen wird. **164**

Sie könnte jedoch die Möglichkeit haben, eine Feststellungsklage gemäß § 256 Abs. 1 ZPO zu erheben. Die grundsätzliche Schadensersatzpflicht des S ist ein Rechtsverhältnis, dessen Bestehen T dann festgestellt verlangen kann, wenn sie hieran ein schützenswertes rechtliches Interesse hat, das man Feststellungsinteresse nennt. Dies ist der Fall, wenn der Rechtsposition des Klägers eine gegenwärtige Gefahr der Unsicherheit droht, beispielsweise wenn der Beklagte diese Position ernstlich bestreitet.[122] Das tut S. Gegenwärtig ist die Gefahr im Fall der Verletzung eines absoluten Rechtsguts – hier Gesundheit der T – dann, wenn künftige Schadensfolgen, wenn auch nur entfernt, möglich sind.[123] Auch dies ist hier der Fall. Der behandelnde Arzt der T hält behandlungsbedürftige und deshalb mit Kosten verbundene Spätfolgen nicht für ausgeschlossen. Dass er sie für unwahrscheinlich hält, ist unerheblich. **165**

c) T kann deshalb gegen S eine Feststellungsklage vor dem zuständigen Gericht erheben.

Ich danke Ihnen sehr für Ihre Aufmerksamkeit!

---

[122] Musielak/*Foerste*, § 256 Rn. 8, 9.
[123] Zöller/*Greger*, § 256 Rn. 9.

C. Literatur zur Vertiefung

Schreiber, Klage und Urteil im Zivilprozess, Jura 2004, 385 ff.; *Oestmann*, Die prozessuale Zusatzfrage in der BGB-Klausur, JuS 2003, 870 ff.; *Schreiber*, Die Gesamtschuld, Jura 1989, 353 ff.; *Preißer*, Grundfälle zur Gesamtschuld im Privatrecht, JuS 1987, 208 ff., 289 ff., 628 ff., 710 ff., 797 ff., 961 ff.; *Henke*, Die Feststellungsklage der ZPO – Grundfragen, JA 1987, 465 ff.; *Wurm*, Das gestörte Gesamtschuldverhältnis, JA 1986, 177 ff.

Aufgabe 7: Irrtümliches

A. Aufgabenstellung

1. Im sog. „Haakjöringsköd-Fall" hat das Reichsgericht im Jahr 1920 entschieden, dass zwischen den streitenden Parteien ein Kaufvertrag über Walfischfleisch zustande gekommen war, obwohl beide übereinstimmend den Begriff „Haakjöringsköd" verwendet hatten, der Haifischfleisch bezeichnet, und der Verkäufer auch Haifischfleisch geliefert hatte. **166**

Erläutern Sie dieses Ergebnis!

2. M möchte an der Mannheimer Universität einen zweijährigen Master-Studiengang absolvieren. Er trifft sich mit V, der Zimmer in zwei Studentenwohnheimen in der Innenstadt vermietet. Gemeinsam besichtigen sie vier Zimmer in zwei Wohnheimen, die in den als „Quadrate" bezeichneten Straßen P 3 und P 4 liegen. M entscheidet sich schließlich für ein Zimmer mit Balkon, das im Studentenwohnheim im Quadrat P 3, Haus Nr. 7, liegt.

M und V schließen einen Mietvertrag, der auf Wunsch des M auf 2 Jahre befristet ist. Versehentlich nehmen sie als Adresse „P 4, Nr. 9" auf. Dort befindet sich jedoch ein Zimmer ohne Balkon.

Nach Ablauf der zwei Jahre zieht M aus dem Zimmer aus. V findet keinen Nachmieter. Jurastudent J macht ihn darauf aufmerksam, dass er von M weiterhin Miete verlangen kann, da die Befristung formunwirksam sei.

Wie ist die Rechtslage?
(Der Sachverhalt muss nicht wiedergegeben werden.)

3. Vor welchem Gericht muss der Vermieter einer Wohnung Klage erheben, wenn die rückständige Miete € 6.000,00 beträgt?

B. Lösungshinweise

I. Vortragsgliederung

1. Der „Haakjöringsköd"-Fall
    a) Grundzüge des Vertragsschlusses
    b) Auslegung von Willenserklärungen und Verträgen
    c) Irrtum
    d) Falsa demonstratio non nocet

2. Anspruch des V gegen M, § 535 Abs. 2 BGB
    a) Mietvertrag
    b) Ablauf der Mietzeit
        aa) Befristung
        bb) Wirksamkeit
    c) Ergebnis

3. Zuständigkeit für Mietklage
    a) Örtlich
    b) Sachlich

II. Vortragsvorschlag

167 Sehr geehrte Damen und Herren,

mein Vortrag ist in drei Teile gegliedert. Zunächst beschäftige ich mich mit dem berühmten Haakjöringsköd-Fall des Reichsgerichts. Anschließend erörtere ich einen daran angelehnten Rechtsfall. Schließlich werde ich das zuständige Gericht für eine Mietstreitigkeit bestimmen.

168 1. Im sog. Haakjöringsköd-Fall[124] hat das Reichsgericht unter anderem entschieden, dass zwischen den Parteien ein Vertrag über Walfischfleisch zustande gekommen war, obwohl beide bei Vertragsschluss den norwegischen Begriff „Haakjöringsköd" verwendet hatten, der tatsächlich „Haifischfleisch" bedeutet.

Wie kam das Reichsgericht zu diesem Ergebnis?

---

[124] RGZ 99, 147. Hierzu ausführlich *Cordes*, Jura 1991, 352 ff.; *Martinek*, JuS 1997, 136 ff. Das vom Reichsgericht erörterte Problem, ob das eigentlich einwandfreie Haifischfleisch trotzdem mangelhaft war, weil eben kein Walfischfleisch geliefert wurde, stellt sich wegen der Regelung des § 434 Abs. 3 BGB heute nicht mehr.

a) Bekanntlich setzt der Vertragsschluss zwei übereinstimmende Willenserklärungen voraus. Hier haben die Parteien übereinstimmend erklärt, ein Geschäft über „Haakjöringsköd“ durchführen zu wollen. Hätte es deshalb nicht nahe gelegen, auch einen Vertrag über Haakjöringsköd anzunehmen, weil das objektiv Erklärte übereinstimmt? Wie kann zwischen den Parteien ein Vertrag über Walfischfleisch zustande gekommen sein, obwohl keine der Parteien diesen Begriff überhaupt verwendete? **169**

b) Die Antwort gibt § 133 BGB. Danach ist bei der Auslegung einer Willenserklärung der wirkliche Wille zu erforschen und nicht an dem buchstäblichen Sinn des Ausdrucks zu haften. Nach allgemeiner Auffassung gilt dieser Grundsatz in Verbindung mit § 157 BGB auch für die Auslegung von Verträgen.[125] Es ist deshalb stets zu prüfen, ob das, was die Vertragsparteien objektiv erklärt haben, auch tatsächlich ihrem Willen entspricht. Ist dies der Fall, kommt zwangsläufig ein Vertrag mit dem objektiv erklärten Inhalt zustande.

Was aber gilt, wenn objektiv Erklärtes und subjektiv Gewolltes auseinander fallen, also ein Irrtum vorliegt?

Hier ist zu unterscheiden:

c) Irrt sich nur eine Partei, ist sie jedenfalls dann zunächst an ihre Willenserklärung gebunden, wenn die andere Partei den Irrtum nicht kannte. Sie hat aber unter den Voraussetzungen der §§ 119 ff. BGB das Recht, die Erklärung anzufechten. Hätte sich also nur der Käufer über die tatsächliche Bedeutung des Begriffs „Haakjöringsköd“ geirrt, während der Verkäufer wusste, dass es Haifischfleisch bedeutet und auch solches verkaufen wollte, wäre ein Vertrag über Haifischfleisch zustande gekommen. Der Käufer könnte jedoch wegen seines Inhaltsirrtums den Vertrag nach § 119 Abs. 1 BGB anfechten. **170**

d) Im Reichsgerichtsfall haben sich aber beide Parteien über den Inhalt ihrer Erklärung geirrt. Erforscht man ihren wirklichen Willen, stellt man fest, dass dieser übereinstimmt: Beide wollten sich über Walfischfleisch einigen. Da § 133 BGB dem Willen den Vorrang vor dem Erklärten einräumt, und weil es keinen Grund gibt, zwei Parteien, die dasselbe wollen, es aber falsch bezeichnen, an der falschen Bezeichnung festzuhalten[126], ist es im Ergebnis unerheblich, dass „Haakjöringsköd“ nicht Walfischfleisch bedeutet. Deshalb ist zwischen den Parteien im Haakjöringsköd-Fall ein Vertrag über Walfischfleisch zustande gekommen. **171**

Die Entscheidung des Reichsgerichts wird aus diesem Grund regelmäßig mit dem Grundsatz, „falsa demonstratio non nocet“, die falsche

---

[125] Vgl. hierzu die Kommentierung zu § 133 BGB bei Palandt/*Ellenberger*.
[126] *Cordes*, Jura 1991, 353.

Bezeichnung schadet nicht, in Verbindung gebracht, auch wenn dieser dort nicht ausdrücklich zitiert wird.

172 2. Im zweiten Teil meines Vortrags werde ich mich mit einem Ihnen bekannten Fall auseinandersetzen und prüfen, ob V von M auch nach Ablauf der Mietzeit Mietzahlung verlangen kann.

a) Einen solchen Anspruch auf Mietzahlung aus § 535 Abs. 2 BGB hat V nur, wenn zwischen ihm und M ein unbefristeter Mietvertrag über das Zimmer im Haus Nr. 7 besteht.

Dabei muss zunächst geprüft werden, ob überhaupt ein Mietvertrag durch zwei übereinstimmende Willenserklärungen zustande gekommen ist. Zweifel resultieren daraus, dass in der Vertragsurkunde eine andere Adresse aufgeführt ist als diejenige, unter der sich das von M später bewohnte Zimmer befindet.

173 Wie die Parteien im Haakjöringsköd-Fall haben M und V also etwas anderes objektiv erklärt als sie subjektiv übereinstimmend gewollt haben. Wie zuvor erläutert, folgt jedoch aus §§ 133, 157 BGB und dem Grundsatz der Privatautonomie, dass es maßgeblich auf den Willen der Parteien ankommen muss. Dieser Wille stimmt überein.

Deshalb scheitert der Vertragsschluss hier nicht an der fehlerhaften Bezeichnung der Adresse im schriftlichen Mietvertrag, falsa demonstratio non nocet.

174 b) Der Mietanspruch des V kann jedoch erloschen sein, weil die vereinbarte Mietzeit abgelaufen ist. Die Befristung verstößt in diesem Fall auch nicht gegen § 575 Abs. 1 BGB, da dieser nach § 549 Abs. 3 auf Zimmer in einem Studentenwohnheim keine Anwendung findet.

Gemäß § 542 Abs. 2 BGB endet ein Mietverhältnis, das auf bestimmte Zeit eingegangen ist, grundsätzlich mit dem Ablauf der Zeit.

aa) Hier hatten M und V einen auf zwei Jahre befristeten Mietvertrag geschlossen. Diese zwei Jahre sind abgelaufen. Da M den Gebrauch des Zimmers danach nicht fortgesetzt hat, konnte sich der Vertrag auch nicht gemäß § 545 BGB automatisch verlängern.

bb) Etwas anderes gilt dann, wenn die vereinbarte Befristung unwirksam war. Gemäß § 550 S. 1 BGB gilt ein auf mehr als ein Jahr befristeter Mietvertrag unbefristet, wenn er nicht schriftlich geschlossen worden ist. Zwar haben M und V einen schriftlichen Mietvertrag geschlossen.

Fraglich ist aber auch hier, wie es sich auswirkt, dass in die Vertragsurkunde nicht das tatsächlich vermietete Zimmer aufgenommen wurde.

175 Zu diesem Problem werden verschiedene Auffassungen vertreten:

Eine Ansicht lässt es genügen, dass das objektiv Erklärte schriftlich erfasst ist, auch wenn es vom subjektiv Gewollten abweicht.[127] Meinten beide Parteien übereinstimmend dasselbe, könne auf die Einhaltung der Formvorschriften verzichtet werden. Diesen dürfe kein Vorrang vor der Privatautonomie zukommen.

Nach einer anderen Ansicht soll das nur dann richtig sein, wenn die Formvorschrift lediglich die Parteien schützt; schütze sie Dritte, gelte das objektiv Erklärte.[128] Maßgeblich soll hier die Rechtssicherheit sein. Könne der Dritte das subjektiv Gewollte aus der Urkunde nicht erkennen, dürfe es nicht gelten. Die Privatautonomie der Parteien müsse in diesem Fall zurücktreten.

Beide Auffassungen führen folglich nur dann zu unterschiedlichen Ergebnissen, wenn § 550 S. 1 BGB einen Dritten schützt. Dies ist der Fall. § 550 S. 1 BGB dient vor allem dem Schutz des Erwerbers eines Grundstücks. Da dieser gemäß § 566 Abs. 1 BGB in den bestehenden Mietvertrag eintreten muss, soll es ihm erleichtert werden, sich über den Umfang der bestehenden Verpflichtungen zu unterrichten.[129]

Folgt man der ersten Auffassung, wäre der Mietzahlungsanspruch des **176**
V erloschen, da ein schriftlicher Mietvertrag existiert. Dass dort nicht das tatsächlich vermietete Zimmer aufgeführt ist, wäre unschädlich.

Schließt man sich der Gegenauffassung an, käme man zu dem Ergebnis, dass die Schriftform nicht gewahrt wäre, so dass gemäß § 550 S. 1 BGB ein unbefristeter Vertrag vorläge. Da M diesen nicht gekündigt hat, wäre er weiter zur Mietzahlung verpflichtet.

Ich schließe mich der ersten Auffassung an. Allein der Schutz eines **177**
Dritten darf nicht dazu führen, dass die Parteien an einen Vertrag gebunden werden, den beide nicht wollten, während das tatsächlich Gewollte nicht gilt. Eine solch weit gehende Einschränkung der Privatautonomie lässt sich auch nicht mit der von der Gegenansicht angeführten Rechtssicherheit rechtfertigen.

c) Ich komme deshalb zu dem Ergebnis, dass der Mietvertrag zwischen V und M durch Ablauf der formwirksam vereinbarten Mietdauer beendet ist und V deshalb keine Mietzahlung mehr verlangen kann.

3. Zum Abschluss meines Vortrags werde ich prüfen, welches Ge- **178**
richt für die Klage des Vermieters einer Wohnung auf Zahlung rückständiger Miete in Höhe von € 6.000,- zuständig ist.

---

[127] Herrschende Meinung, vgl. *BGH* NJW 2002, 1038 (1039); Palandt/*Ellenberger*, § 133 Rn. 19; Jauernig/*Jauernig*, § 126 Rn. 8; alle m.w.N.

[128] MünchKomm/*Einsele*, § 125 Rn. 38; *Medicus/Petersen*, Rn. 124; jeweils m.w.N.

[129] *BGH* NJW 1991, 58 (61).

Zu bestimmen sind dabei die örtliche und die sachliche Zuständigkeit.

a) Die örtliche Zuständigkeit eines Gerichts bestimmt sich gemäß § 12 ZPO grundsätzlich nach dem allgemeinen Gerichtsstand des Beklagten.

Dies gilt jedoch nicht, wenn für die Klage ein ausschließlicher Gerichtsstand begründet ist.

Einen solchen ausschließlichen Gerichtsstand begründet für Mietstreitigkeiten § 29a Abs. 1 ZPO. Danach ist für Streitigkeiten über Ansprüche aus Miet- oder Pachtverhältnissen über Räume das Gericht ausschließlich örtlich zuständig, in dessen Bezirk sich die Räume befinden. Dort ist also der Mieter zu verklagen und nicht an seinem allgemeinen Gerichtsstand.

179 Da der allgemeine Gerichtsstand nach § 13 ZPO durch den Wohnsitz bestimmt wird, werden sich die Gerichtsstände des § 12 und § 29a Abs. 1 ZPO häufig decken. Aber auch wenn der Rechtsstreit erst entsteht, nachdem der Mieter in eine andere Wohnung gezogen ist, die in die Zuständigkeit eines anderen Gerichts fällt, ist der Ort der bisherigen Wohnung maßgeblich.

Grund hierfür ist die Annahme des Gesetzgebers, dass das Gericht am Ort der Wohnung am besten mit den örtlichen Verhältnissen vertraut ist und hierdurch beispielsweise Beweisaufnahmen oder die Bestimmung der ortsüblichen Vergleichsmiete nach § 558 Abs. 2 BGB erleichtert werden.[130]

180 b) Die sachliche Zuständigkeit, also die Frage, ob Amts- oder Landgericht zuständig sind, bestimmt sich grundsätzlich nach dem Streitwert. Liegt dieser über € 5.000,00, sind gemäß §§ 71 Abs. 1, 23 Nr. 1 GVG grundsätzlich die Landgerichte zuständig, ansonsten die Amtsgerichte. Eine Ausnahme gilt aber gemäß § 23 Nr. 2a GVG für Streitigkeiten aus einem Mietverhältnis über Wohnraum. Hierfür sind auch sachlich die Amtsgerichte ausschließlich zuständig.

Der Vermieter muss den Mieter deshalb vor dem Amtsgericht des Bezirkes, in dem die vermietete Wohnung liegt, auf Zahlung der € 6.000,00 verklagen.

Ich danke Ihnen sehr für Ihre Aufmerksamkeit!

---

[130] Vgl. Musielak/*Heinrich*, § 29a Rn. 1.

C. Literatur zur Vertiefung

Fritzsche, Der Abschluss von Verträgen, §§ 145 ff. BGB, JA 2006, 674 ff.; *Petersen*, Der Irrtum im Bürgerlichen Recht, Jura 2006, 660 ff.; *ders.*, Der Tatbestand der Willenserklärung, Jura 2006, 178 ff.; *ders.*, Die Auslegung von Rechtsgeschäften, Jura 2004, 536 ff.; *Czeguhn*, Auslegung einer Willenserklärung, Auslegung von Verträgen, JA 2002, 617 f.; *Schreiber*, Grundbegriffe des BGB – Allgemeiner Teil – Willenserklärung, Vertrag, Rechtsgeschäft, Jura 1999, 275 f.

Aufgabe 8: Werkunternehmerpfandrecht

A. Aufgabenstellung

181 1. Bei der Frage, ob ein Werkunternehmer an einer Sache, die nicht dem Besteller gehört, ein Werkunternehmerpfandrecht erwerben kann, stehen sich zwei Auffassungen gegenüber. Stellen Sie diese Auffassungen dar.

2. Obwohl der BGH im folgenden Fall den gutgläubigen Erwerb eines Werkunternehmerpfandrechts ablehnt, kommt er zu dem Ergebnis, dass U den Wagen nur gegen Zahlung der Reparaturkosten an E herausgeben muss:

E veräußert einen PKW unter Eigentumsvorbehalt an B. Beide vereinbaren, dass B Reparaturen am Wagen ohne vorherige Rücksprache auf eigene Rechnung ausführen lässt. Als B mit mehreren Kaufpreisraten in Verzug gerät, erklärt E den Rücktritt vom Vertrag und verlangt den Wagen heraus. B ist hierzu jedoch nicht in der Lage, da sich der Wagen nach einem Unfall in der Werkstatt des U befindet. U will ihn nur zurückgeben, wenn er von E seinen Werklohn erhält.

Erläutern Sie den Lösungsansatz des BGH und die hiergegen vorgebrachte Kritik!

B. Lösungshinweise

I. Vortragsgliederung

1. Gutgläubiger Erwerb des Werkunternehmerpfandrechts
   - a) Einleitung
   - b) Grundsätzlicher Streitstand
     - aa) Literatur
     - bb) BGH
   - c) Ermächtigung durch Eigentümer
   - d) AGB-Klausel
2. Herausgabeanspruch des E gegen U
   - a) Sachverhalt
   - b) Vertraglicher Anspruch
   - c) § 985 BGB
     - aa) Besitzrecht des U
     - bb) Zurückbehaltungsrecht infolge eines Verwendungsersatzanspruchs des U
   - d) Kritik an der Lösung des BGH

II. Vortragsvorschlag

Sehr geehrte Damen und Herren, **182**

in meinem Vortrag werde ich mich mit den rechtlichen Folgen beschäftigen, die eintreten, wenn ein Werkunternehmer eine Sache repariert, die nicht dem Besteller gehört.

1. Im Mittelpunkt der Diskussion steht dabei die Frage, ob der Unternehmer auch in diesem Fall das Pfandrecht des § 647 BGB erwirbt.

a) Gemäß § 647 BGB hat der Unternehmer für seine Forderungen **183** aus dem Werkvertrag ein Pfandrecht an den Sachen des Bestellers, die zur Erfüllung des Vertrages in seinen Besitz gelangt sind.

Wie der Wortlaut dieser Vorschrift zeigt, muss es sich aber um Sachen des Bestellers handeln. Gehört die Sache einem Dritten, stellt sich die Frage, ob der Unternehmer trotzdem ein Pfandrecht erwerben kann, so lange er den Besteller für den Eigentümer halten durfte.

Möglicher Anknüpfungspunkt könnte § 1257 BGB, wonach die Regeln über das rechtsgeschäftliche Pfandrecht auf ein kraft Gesetzes entstandenes Pfandrecht entsprechende Anwendung finden. Auf das rechtsgeschäftliche Pfandrecht sind gemäß § 1207 BGB wiederum die

Vorschriften über den gutgläubigen Erwerb beweglicher Sachen anwendbar.

Aus dem Wortlaut des § 1257 BGB folgt jedoch, dass das gesetzliche Pfandrecht bereits entstanden sein muss.

184 b) In Rechtsprechung und Literatur ist umstritten, ob § 1257 BGB auf die Frage der Entstehung des Werkunternehmerpfandrechts entsprechend anwendbar ist.[131]

aa) Nach der wohl herrschenden Meinung in der Literatur soll § 1257 BGB zumindest auf solche Pfandrechte entsprechend angewendet werden, die den unmittelbaren Besitz des Pfandgläubigers mit sich bringen.[132] Hierzu gehört beispielsweise das Werkunternehmerpfandrecht, das Vermieterpfandrecht aus § 562 Abs. 1 BGB hingegen nicht.

Durch den Besitz des Bestellers an der Sache sei der erforderliche Rechtsschein gegeben, und es finde eine Übergabe der Sache statt. Der Unternehmer sei auch schutzbedürftig, da er in Vorleistung treten müsse und deshalb ein Interesse an der Sicherung seiner Werklohnforderung habe. Insbesondere aus § 366 Abs. 3 S. 2 HGB folge zudem, dass der Gesetzgeber den gutgläubigen Erwerb gesetzlicher Pfandrechte anerkenne.

bb) Der BGH lehnt das in ständiger Rechtsprechung ab.[133] § 1257 BGB lasse gerade die Absicht des Gesetzgebers erkennen, die Entstehung der gesetzlichen Pfandrechte von der Verweisung auf die Vorschriften über rechtsgeschäftliche Pfandrechte auszunehmen. § 366 Abs. 3 S. 2 HGB normiere lediglich eine Ausnahme für die dort genannten Fälle. Der gutgläubige Erwerb setze zudem eine rechtsgeschäftliche Bestellung voraus, an der es bei der Entstehung gesetzlicher Pfandrechte gerade fehle. Darüber hinaus komme der Besitzübergabe in diesen Fällen nicht dieselbe Legitimationswirkung zu wie in § 1207 BGB, da sie nicht zwecks Verfügung über das Eigentum vorgenommen werde.

185 c) Nach Auffassung des BGH gilt dies sogar dann, wenn der Eigentümer den Besteller zur Ausführung der Reparatur ermächtigt hat.[134] Eine Ermächtigung zur Einwirkung auf das Eigentum werde nur von § 185 BGB erfasst. Die unmittelbare Anwendung scheide aber aus, weil die Besitzüberlassung an den Werkunternehmer keine Verfügung darstelle. Die Vorschrift sei auch nicht entsprechend anwendbar, denn die Überlas-

---

[131] Vgl. hierzu *Schwerdtner*, Jura 1988, 253 ff.

[132] Vgl. die Nachweise bei *Medicus/Petersen*, Rn. 589.

[133] Grundlegend BGHZ 34, 153 ff.; zuletzt *BGH* NJW 1992, 2570 (2574 m.w.N.).

[134] *BGH* NJW 1961, 499 (500).

sung der Sache sei nicht verfügungsähnlich, da auf das Eigentum gerade nicht eingewirkt werde.

In der Literatur wird das für unbillig gehalten. Der Eigentümer werde so trotz seiner Einwilligung in die Reparatur besser gestellt, als er stünde, wenn er die Reparatur selbst in Auftrag gegeben hätte.[135] § 185 BGB sei deshalb entsprechend anwendbar, weil die Einwilligung in die Besitzübertragung auf den Unternehmer zu genau der Situation führen würde, in der ein gesetzliches Werkunternehmerpfandrecht regelmäßig entstehe.[136]

d) Als Reaktion auf diese Rechtsprechung des BGH wird in den Allgemeinen Geschäftsbedingungen der Unternehmer häufig geregelt, dass an der Reparatursache ein vertragliches Pfandrecht entstehe. **186**

Nach einer Auffassung in der Literatur verstößt eine solche Regelung gegen § 307 BGB.[137] Sie benachteilige den Besteller unangemessen. Eine solche Klausel erfasse ausschließlich den Fall, dass die Sache nicht dem Besteller gehört, denn andernfalls entstünde das Pfandrecht bereits kraft Gesetzes. Würde der Besteller die Tragweite dieser AGB-Klausel verstehen, dürfte er den Werkvertrag nicht abschließen, da er sich unter Umständen gegenüber dem Eigentümer der Sache schadensersatzpflichtig mache.

Der BGH[138] und die wohl herrschende Lehre[139] erkennen eine solche Klausel jedoch an. Korrekturen könnten allenfalls über die Anforderungen an den guten Glauben erfolgen.

2. Nach diesen allgemeinen Ausführungen wende ich mich nun einem Fall zu, in dem sich das Problem der Reparatur einer Sache, die nicht dem Besteller gehört, konkret stellt. Ich werde erläutern, wie der BGH diesen Fall löst.[140] **187**

a) Der Sachverhalt ist der folgende: B hat von E einen Wagen unter Eigentumsvorbehalt erworben. E hat den B ermächtigt, erforderliche Reparaturen auf eigene Rechnung durchführen zu lassen. Als B die Kaufpreisraten nicht mehr zahlen kann, erklärt E den Rücktritt vom Kaufvertrag und fordert den Wagen heraus. Der Wagen befindet sich jedoch infolge eines Auftrags des B in der Werkstatt des U. U will den Wagen nur an E herausgeben, wenn er von diesem seinen Werklohn erhält. **188**

---

[135] Vgl. die Nachweise bei MünchKomm/*Damrau*, § 1257 Rn. 3 (Fn. 2).
[136] *Medicus/Petersen*, Rn. 594.
[137] Vgl. *Schwerdtner*, Jura 1988, 255 f. m.w.N.
[138] *BGH* NJW 1977, 1240 m.w.N.
[139] Vgl. MünchKomm/*Damrau*, § 1207 Rn. 8 m.w.N.
[140] *BGH* NJW 1961, 499 ff.; vgl. die Darstellung bei *Medicus/Petersen*, Rn. 587 ff.

189 b) Ein Herausgabeanspruch des E gegen U aus dem Werkvertrag scheidet aus, da E nicht Vertragspartei ist.

c) In Betracht kommt aber ein Anspruch aus § 985 BGB. E ist Eigentümer des Wagens, U dessen Besitzer. Fraglich ist das Besitzrecht des U gemäß § 986 BGB.

aa) Ein eigenes Besitzrecht des U gegenüber E könnte aus dem Werkunternehmerpfandrecht nach § 647 BGB folgen. Allerdings gehört der Wagen gerade nicht dem Besteller B, sondern E. Dass U das wusste, lässt sich dem Sachverhalt nicht entnehmen. Wie ich aber erläutert habe, hilft der gute Glaube dem U nach Auffassung des BGH nicht, der den gutgläubigen Erwerb eines Werkunternehmerpfandrechts generell ablehnt. Auch die Ermächtigung des E an B, den Wagen reparieren zu lassen, soll hieran nichts ändern.

Ob ein Pfandrecht am Anwartschaftsrecht des B am Wagen entstehen konnte, kann offen bleiben. Das Anwartschaftsrecht ist durch den Rücktritt des E vom Kaufvertrag erloschen. Wegen dieses Rücktritts kann U auch kein Besitzrecht von B ableiten.

Da der U nicht zum Besitz des Wagens berechtigt ist, müsste er diesen eigentlich an E herausgeben.

190 bb) Der BGH hat das jedoch abgelehnt. Dem U stehe vielmehr ein Zurückbehaltungsrecht aus § 1000 BGB wegen eines Verwendungsersatzanspruchs gegen E aus § 994 BGB zu. Die Reparatur am Wagen stelle eine notwendige Verwendung dar, da sie dem Erhalt des Wagens diene.

§ 994 BGB setzt aber das Vorliegen einer Vindikationslage voraus. Wie gezeigt, ist E Eigentümer und U unberechtigter Besitzer des Wagens. Zum Zeitpunkt der Reparatur war das allerdings noch nicht der Fall, denn damals konnte sich U zumindest noch auf ein Besitzrecht des B aus dem Kaufvertrag berufen.

Nach der Auffassung des BGH soll es jedoch genügen, dass die Vindikationslage zum Zeitpunkt des Herausgabeverlangens nicht mehr besteht.[141] Weder dem Wortlaut noch Sinn und Zweck des Gesetzes lasse sich entnehmen, dass die Besitzberechtigung des Verwenders bereits bei Vornahme der Verwendungen fehlen müsse. Vielmehr solle der Eigentümer zum Verwendungsersatz verpflichtet sein, wenn er die Sache herausverlange. Andernfalls werde der zum Besitz berechtigte Fremdbesitzer schlechter gestellt als der nichtberechtigte, gutgläubige Fremdbesitzer.[142]

U müsste den Wagen deshalb nur gegen Zahlung der Reparaturkosten an E herausgeben.

---

[141] *BGH* NJW 1961, 499 (500 ff.).
[142] *BGH* NJW 1996, 921 m.w.N.

d) Die Kritik an dieser Entscheidung des BGH richtet sich in erster Linie dagegen, dass der BGH den Erwerb eines Werkunternehmerpfandrechts durch U ablehnt. Insoweit kann ich auf das verweisen, was ich im ersten Teil meines Vortrags dargestellt habe. Gegen einen Verwendungsersatzanspruch des U wird zunächst vorgebracht, dass die Vindikationslage bereits im Zeitpunkt der Verwendung vorliegen müsse.[143] Andernfalls könne auch nicht festgestellt werden, ob der unrechtmäßige Besitzer redlich oder unredlich war. Darüber hinaus stelle die Reparatur keine Verwendung des U, sondern eine des B dar. Verwender im Sinne der §§ 994 ff. BGB sei derjenige, der den Verwendungsvorgang auf eigene Rechnung veranlasse und ihn steuere.[144] **191**

Letztlich besteht Einigkeit also nur hinsichtlich des Ergebnisses, dass der Werkunternehmer auch im Falle der Reparatur einer schuldnerfremden Sache schutzbedürftig ist.

Ich danke Ihnen sehr für Ihre Aufmerksamkeit!

C. Literatur zur Vertiefung

Petersen, Die Verfügung eines Nichtberechtigten, Jura 2006, 752 ff.; *Musielak*, Probleme des Verwendungsersatzes, JuS 2006, 50 ff.; *Völzmann*, Der Eigentumsherausgabeanspruch gegen den gutgläubigen Werkunternehmer bei Verarbeitung bestellerfremder Sachen, JA 2005, 264 ff.; *Roth*, Grundfälle zum Eigentümer-Besitzer-Verhältnis, JuS 1997, 518 ff., 710 ff., 897 ff., 1087 ff.; *Canaris*, Das Verhältnis der §§ 994ff BGB zur Aufwendungskondiktion nach § 812 BGB, JZ 1996, 344 ff.; *Medicus*, Die Regelungen des Eigentümer-Besitzer-Verhältnisses bei der Rückabwicklung von Grundstücksgeschäften, JZ 1996, 153 ff.; *Seidel*, Das Zurückbehaltungsrecht als Recht zum Besitz im Sinne von § 986 BGB?, JZ 1993, 180 ff.; *Schreiber*, Das Eigentümer-Besitzer-Verhältnis, Jura 1992, 356 ff., 533 ff.; *Hager*, Grundfälle zur Systematik des Eigentümer-Besitzerverhältnisses und der bereicherungsrechtlichen Kondiktionen, JuS 1987, 877 ff.

---

[143] Palandt/*Bassenge*, Vor § 994 Rn. 7; MünchKomm/*Medicus*, Vor §§ 997 ff. Rn. 11 ff. m.w.N.

[144] *Medicus/Petersen*, Rn. 591 m.w.N.

Aufgabe 9: Öffentlicher Glaube

A. Aufgabenstellung

192 1. Grundbuch und Erbschein genießen öffentlichen Glauben.

Erläutern Sie, was hierunter zu verstehen ist, welchem Zweck dies dient und welche wesentlichen Gemeinsamkeiten die Regelungen über den öffentlichen Glauben von Grundbuch und Erbschein aufweisen!

2. E ist der gesetzliche Alleinerbe des X. Das Nachlassgericht hat ihm einen entsprechenden Erbschein ausgestellt.

Zur Erbmasse gehören unter anderem das Einfamilienhaus des X und dessen wertvolle Briefmarkensammlung. Beides will E an K verkaufen.

E und K treffen sich beim Notar. Dort schließen sie einen Kaufvertrag über das Grundstück und erklären die Auflassung. Außerdem einigen sie sich über den Verkauf der Sammlung, die E vor Ort an K übergibt.

Mit dem Notar wird vereinbart, dass dieser die Eintragung des K im Grundbuch veranlassen soll, sobald K den Kaufpreis für das Grundstück auf das Anderkonto des Notars gezahlt hat. Da im Grundbuch noch X eingetragen ist, überlässt E dem Notar hierfür den Erbschein. Einige Tage später zahlt K und der Notar stellt den Eintragungsantrag. Daraufhin übergibt E dem K das Haus. Noch vor seiner Eintragung im Grundbuch findet K auf dem Dachboden des Hauses einen Karton mit Unterlagen des X, darunter auch ein handschriftliches Testament, in dem S, die Schwester des E, zur Alleinerbin eingesetzt wird.

S verlangt nun von K Herausgabe des Grundstücks und der Briefmarken. Zu Recht?

B. Lösungshinweise

I. Vortragsgliederung

1. Öffentlicher Glaube Grundbuch/Erbschein
   a) Definition
   b) Hoheitsakt
   c) Rechtsgeschäftlicher Erwerb
   d) Erfasste Rechtsgeschäfte
   e) Gutgläubiger Erwerb vom Nichtberechtigten

2. Herausgabeanspruch der S gegen K
   a) Sachverhalt
   b) § 985 BGB
      aa) Eigentumserwerb des K an der Briefmarkensammlung
         (1) §§ 929 S. 1, 932 BGB
         (2) §§ 929 S. 1, 2366 BGB
      bb) Eigentumserwerb des K am Grundstück
         (1) § 892 BGB
         (2) § 2366 BGB
   c) Ergebnis

II. Vortragsvorschlag

Sehr geehrte Damen und Herren, **193**

mein Vortrag gliedert sich in zwei Teile. Im ersten Teil werde ich über den öffentlichen Glauben von Grundbuch und Erbschein sprechen, im zweiten Teil die Lösung eines Rechtsfalls entwickeln.

1. Grundbuch und Erbschein genießen öffentlichen Glauben.[145] **194**

a) Hierunter ist zu verstehen, dass der Inhalt bestimmter öffentlicher Register oder Urkunden zugunsten einer gutgläubigen Person solange als richtig gilt, bis er widerlegt wird. Neben Grundbuch und Erbschein gilt diese Vermutung beispielsweise auch für das Handelsregister.

Für das Grundbuch folgt der öffentliche Glaube aus § 891 BGB, für den Erbschein aus § 2365 BGB.

---

[145] Vgl. hierzu ausführlich *Medicus*, Jura 2001, 294 ff.; *Kuchinke*, Jura 1981, 285 ff. (Erbschein); *Wiegand*, JuS 1975, 205 ff. (Grundbuch); *ders.*, JuS 1975, 283 ff. (Erbschein).

b) Gemeinsam ist den Regelungen also zunächst, dass der öffentliche Glaube einen Hoheitsakt voraussetzt, nämlich die Eintragung, Aufhebung oder Änderung des Grundstücksrechts im Grundbuch bzw. die Ausstellung des Erbscheins durch das Nachlassgericht.

195 Dieser öffentliche Glaube soll die Sicherheit und Leichtigkeit des Rechtsverkehrs in Bezug auf Grundstücksgeschäfte bzw. Rechtsbeziehungen zu einem (vermeintlichen) Erben schützen.

c) Beide Regelungen setzen dabei ausdrücklich einen rechtsgeschäftlichen Erwerb voraus. Auf den gesetzlichen Erwerb sind sie also nicht anwendbar. Zudem muss der Erwerber ein Dritter sein.

d) Wesentlicher Unterschied zwischen den Regelungen ist dabei, dass der öffentliche Glaube des Grundbuchs sich auf Verfügungen über Grundstücke und Grundstücksrechte beschränkt. Dagegen kann dem Erwerb nach § 2366 BGB jedes Rechtsgeschäft zugrunde liegen, das eine Verfügung enthält.

e) Der Sicherheit des Rechtsverkehrs wird dabei dadurch gedient, dass der gutgläubige Erwerb von Grundstücken und Erbschaftsgegenständen, die tatsächlich nicht dem Veräußerer gehören, unter den Voraussetzungen der §§ 892, 2366 BGB bestandskräftig ermöglicht wird.

Damit ist gleichzeitig auch der Leichtigkeit des Rechtsverkehrs gedient, indem der Erwerber von aufwendigen Nachforschungen in Bezug auf die tatsächlichen Rechtsverhältnisse am Grundstück oder dem Erbschaftsgegenstand entbunden wird.

196 Die Regelungen gehen sogar so weit, dass der Erwerber nicht einmal das Grundbuch bzw. den Erbschein eingesehen haben muss. Seinem Erwerb steht nur positive Kenntnis entgegen, während beispielsweise beim gutgläubigen Erwerb einer beweglichen Sache nach § 932 Abs. 2 BGB auch grob fahrlässige Unkenntnis zur Bösgläubigkeit führt.

Allerdings stellt § 2366 BGB der Kenntnis der Unrichtigkeit das Wissen gleich, dass das Nachlassgericht die Rückgabe des Erbscheins wegen Unrichtigkeit verlangt hat. Nach überwiegender Auffassung gilt dasselbe, wenn der Erwerber weiß, dass ein rechtskräftiges Urteil auf Herausgabe des Erbscheins vorliegt.[146]

197 2. Ich komme nun zum zweiten Teil meines Vortrages, der Falllösung.

a) Dem Rechtsfall liegt dabei der folgende Sachverhalt zugrunde:

---

[146] Palandt/*Weidlich*, § 2366 Rn. 2.

X ist gestorben. Sein gesetzlicher Alleinerbe ist E. Das Nachlassgericht hat ihm einen Erbschein ausgestellt. E veräußert und übergibt die geerbte Briefmarkensammlung an K. Mit diesem schließt er auch einen notariellen Kaufvertrag über das zur Erbmasse gehörende Grundstück. Der Notar stellt beim Grundbuchamt den Antrag auf Eintragung des K. Bislang war noch X eingetragen. Bevor K eingetragen wird, findet er ein Testament des X, in dem die S zur Alleinerbin eingesetzt wird. S verlangt nun Briefmarkensammlung und Grundstück von K heraus. **198**

b) Ein Herausgabeanspruch der S folgt aus § 985 BGB, wenn S Eigentümerin der Gegenstände ist und K deren unrechtmäßiger Besitzer. S hat als testamentarische Erbin des X nach § 1937 BGB mit dessen Tod das Eigentum an Briefmarkensammlung und Grundstück erlangt. § 1922 Abs. 1 BGB regelt, dass mit dem Tod des Erblassers dessen ganzes Vermögen auf den Erben übergeht. **199**

Sie kann dieses Eigentum aber durch den Erwerb der Gegenstände durch K von E verloren haben. Da E nicht Eigentümer der Sammlung und des Grundstücks war, kommt nur ein gutgläubiger Erwerb in Betracht.

aa) Es ist deshalb zu klären, ob K das Eigentum an der Briefmarkensammlung gutgläubig erworben hat. **200**

(1) Ich prüfe zunächst einen Erwerb gemäß §§ 929 S. 1, 932 BGB durch Einigung und Übergabe.

K hat sich mit E geeinigt, E hat ihm auch die tatsächliche Sachherrschaft an den Marken verschafft. K wusste zu diesem Zeitpunkt nicht, dass nicht E, sondern S Alleinerbe ist. Es ist auch nicht ersichtlich, dass er dies hätte wissen können.

Allerdings ist gemäß § 935 Abs. 1 S. 1 BGB ein gutgläubiger Erwerb ausgeschlossen, wenn die Sache dem Eigentümer abhanden gekommen ist. Dies ist der Fall, wenn er den Besitz unfreiwillig verloren hat. Zwar hat S bislang überhaupt keine tatsächliche Sachherrschaft über die Briefmarken erlangt. Aus § 857 BGB folgt jedoch, dass mit dem Tod des Erblassers auch der Besitz auf den Erben übergeht. S muss deshalb als Besitzerin der Briefmarken behandelt werden. Diesen Besitz hat sie unfreiwillig an K verloren.

Ein gutgläubiger Erwerb scheitert deshalb zunächst an § 935 Abs. 1 S. 1 BGB.

(2) In Betracht kommt jedoch ein gutgläubiger Erwerb gemäß §§ 929 S.1, 2366 BGB. Hierfür muss K die Briefmarkensammlung als Erbschaftsgegenstand von einem Erbscheinsbesitzer erworben haben, ohne zu wissen, dass E nicht Erbe ist. **201**

Die Marken gehören zur Erbmasse. E ist im Erbschein als Erbe eingetragen. Dass tatsächlich S das Erbrecht zusteht, wusste K beim Erwerb der Briefmarken noch nicht. Die Voraussetzungen des § 2366 BGB liegen also vor.

Das hat zur Folge, dass S ihr Eigentum an den Briefmarken an K verloren hat. Herausgabe der Briefmarken kann sie deshalb nicht verlangen.

202 bb) Ich prüfe nun, ob das auch für das Grundstück gilt.

(1) Für den gutgläubigen Erwerb eines Grundstücks kommt zunächst § 892 BGB in Betracht. Wie ich im ersten Teil ausgeführt habe, wird dort der gute Glaube an den Inhalt des Grundbuchs geschützt. Im Grundbuch war jedoch nicht E, sondern noch Erblasser X eingetragen. Über § 892 BGB konnte K deshalb das Eigentum nicht von E erwerben.

203 (2) Möglich ist jedoch wiederum ein Erwerb über § 2366 BGB.

Problematisch könnte jetzt jedoch der gute Glaube des K sein. Bei der Auflassung wusste er noch nicht, dass E gar nicht Erbe ist. Auch als der Notar den Eintragungsantrag gestellt hat, war ihm das fehlende Erbrecht nicht bekannt. Zum Zeitpunkt seiner Eintragung im Grundbuch hatte er das Testament jedoch bereits gefunden und wusste deshalb, dass nicht E, sondern S den X beerbt hat.

204 Entscheidend ist somit, auf welchen Zeitpunkt für die Gutgläubigkeit abgestellt werden muss.

Der Wortlaut des § 2366 BGB spricht dafür, auf die Eintragung abzustellen. Es ist die Rede davon, dass jemand einen Erbschaftsgegenstand erwirbt. Und dieser Erwerb tritt gemäß § 873 Abs. 1 BGB bei einem Grundstück erst mit der Eintragung im Grundbuch ein.

Allerdings gilt hierfür im Rahmen des gutgläubigen Erwerbs eines Grundstücks von dem Nichtberechtigten, der im Grundbuch eingetragen ist, gemäß § 892 Abs. 2 BGB eine Ausnahme. Danach kommt es für die Gutgläubigkeit nicht auf den Zeitpunkt der Eintragung an, sondern auf den Zeitpunkt, in dem der Antrag auf Eintragung gestellt wird. Nur diesen Zeitpunkt kann der Erwerber beeinflussen, die tatsächliche Eintragung dagegen nicht.

In § 2366 BGB fehlt eine solche Regelung. Denkbar ist jedoch, § 892 Abs. 2 BGB auf den gutgläubigen Erwerb vom Erbscheinsberechtigten entsprechend anzuwenden. Das würde hier dazu führen, dass K das Eigentum am Grundstück gutgläubig erwerben konnte, da er bei Stellung des Eintragungsantrags das Erbrecht der S noch nicht kannte.

205 Eine solche Analogie setzt eine planwidrige Regelungslücke und eine vergleichbare Interessenlage voraus.

Eine Regelungslücke liegt vor, da sich die in § 892 Abs. 2 BGB getroffene Regelung in § 2366 BGB gerade nicht wieder findet. Es spricht aber nichts dafür, dass dies auf einem Versehen des Gesetzgebers beruht. Vielmehr hat sich dieser bewusst dagegen entschieden, den Regelungsgehalt des § 892 Abs. 2 BGB auch auf § 2366 BGB zu übertragen. Die analoge Anwendung des § 892 Abs. 2 BGB auf § 2366 BGB ist deshalb abzulehnen.[147] Folglich war K bei Erwerb des Grundstücks nicht gutgläubig. S hat deshalb ihr Eigentum nicht an ihn verloren.

c) K besitzt das Grundstück unberechtigt. Die Voraussetzungen des **206**
§ 986 BGB liegen nicht vor. Ein eigenes oder von einem mittelbaren Besitzer abgeleitetes Besitzrecht ist nicht ersichtlich.

S kann deshalb von K Herausgabe des Grundstücks nach § 985 BGB verlangen. Die Briefmarkensammlung darf K behalten.

Ich danke Ihnen sehr für Ihre Aufmerksamkeit!

C. Literatur zur Vertiefung

Konz, Ein Millionengewinn, JuS 2007, 542 ff.; *Medicus*, Besitz, Grundbuch und Erbschein als Rechtsscheinträger, Jura 2001, 294 ff.; *Weber*, Gutgläubiger Erwerb des Eigentums an beweglichen Sachen gemäß §§ 932ff BGB, JuS 1999, 1 ff.; *Schreiber/Burbulla*, Der gutgläubige Erwerb von beweglichen Sachen, Jura 1999, 150 ff.; *dies.*, Der gutgläubige Erwerb von unbeweglichen Sachen, Jura 1999, 491 ff.; *Olzen*, Der Erbschaftsanspruch, JuS 1989, 374 ff.; *Kuchinke*, Grundfragen des Erbscheinsverfahrens und des Verkehrsschutzes bei Verfügungen des Scheinerben über Erbschaftsgegenstände, Jura 1981, 285 ff.

---

[147] Staudinger/*Schilken*, § 2366 Rn. 8 m.w.N.

Aufgabe 10: Die Erstausgabe

A. Aufgabenstellung

207 1. A hat im Nachlass seines Onkels eine Erstauflage des Palandt entdeckt. Als Kollege B hiervon erfährt, gelingt es ihm, A einzureden, dass es sich um einen Jubiläums-Nachdruck handelt, der weniger wert sei als eine aktuelle Auflage. Er, B, sei aber bereit, hierfür € 50 zu zahlen. A ist einverstanden, weil er an einer Kopie der Erstauflage kein Interesse hat. B schenkt den ergaunerten Palandt seinem Doktorvater P, der damit seine Sammlung alter BGB-Kommentare komplettieren kann.

Als A erfährt, dass ihn B übers Ohr gehauen hat, möchte er seine Erstauflage zurück haben. Er fragt Sie, wie er das erreichen kann. P hat jedenfalls bereits erklärt, dass er den Palandt nicht herausgeben wird.

Beraten Sie A!

2. Abwandlung:

A hat gegenüber B die Anfechtung erklärt. Um Ärger zu vermeiden, hat P die Erstauflage an B zurückgegeben. B denkt jedoch gar nicht daran, sie an A weiterzuleiten, da er sie ja gekauft habe. Daraufhin verklagt ihn der A vor dem zuständigen Amtsgericht. In der mündlichen Verhandlung erklärt B, noch bevor die Richterin oder A überhaupt zu Wort gekommen sind, er habe keine Lust mehr auf den ganzen Streit, und überreicht dem A den Palandt. Anschließend verlässt er den Sitzungssaal.

Erläutern Sie, welche prozessualen Möglichkeiten A grundsätzlich hat, das Verfahren zu beenden, und welche davon die für ihn günstigste ist!

B. Lösungshinweise

I. Vortragsgliederung

1. Ausgangsfall: Ansprüche des A auf Herausgabe des Palandt
   a) Gegen B
      aa) Schadensersatzansprüche
      bb) § 985 BGB
      cc) § 812 Abs. 1 S. 1 Alt. 1 BGB
      dd) § 816 Abs. 1 S. 1 BGB
   b) Gegen P
      aa) § 985 BGB
      bb) § 822 BGB
      cc) § 816 Abs. 1 S. 2 BGB
   c) Schlussfolgerung

2. Abwandlung: Prozessuale Möglichkeiten der Verfahrensbeendigung
   a) Antrag auf Verurteilung
   b) Klagrücknahme
   c) Erledigungserklärung
      aa) Übereinstimmend
      bb) Einseitig

II. Vortragsvorschlag

Sehr geehrte Damen und Herren, **208**

ich werde im Rahmen meines Vortrages die Lösung eines Rechtsfalls mit Abwandlung entwickeln, dem im Grundfall folgender Sachverhalt zugrunde liegt:

1. A veräußert an B eine Erstauflage des Palandt für nur € 50. Hierzu kam es, weil B dem A einreden konnte, dass es sich nicht um eine Originalausgabe handle, sondern um einen Nachdruck. A möchte nun seine Erstauflage zurück. Diese besitzt aber mittlerweile P, der sie von B geschenkt bekommen hat und sie nun nicht zurückgeben will.

Ich werde im Folgenden prüfen, ob A eine rechtliche Möglichkeit hat, seinen Palandt zurückzuerhalten.

a) Ausgangspunkt meiner Überlegungen ist die arglistige Täuschung **209**
des B. Dieser hat dem A eingeredet, der Palandt sei nicht „echt“. Nur deshalb hat A den Palandt überhaupt verkauft. Ich beginne die Prüfung deshalb mit Ansprüchen gegen B.

aa) Aus dieser Täuschung können für A gegen B zunächst Schadensersatzansprüche aus cic, § 823 Abs. 2 BGB i. V. m. § 263 StGB oder § 826 BGB entstanden sein. Unabhängig von deren Voraussetzungen im Einzelnen ist aber zweifelhaft, ob diese Ansprüche tatsächlich zur Rückgabe des Palandt führen. Grundsätzlich wäre das so. Gemäß § 249 Abs. 1 BGB hat der Schädiger den Geschädigten im Wege der Naturalrestitution so zu stellen, wie dieser ohne das schädigende Ereignis stünde. Ohne die Täuschung durch B hätte A seinen Palandt nicht weggeben. Die Naturalrestitution wäre also auf Wiedererlangung des Besitzes gerichtet. Allerdings schließt § 251 Abs. 1 BGB die Naturalrestitution aus, soweit sie unmöglich ist. B hat den Palandt nicht mehr. Ob er grundsätzlich verpflichtet wäre zu versuchen, ihn zurück zu erwerben, kann offen bleiben. P ist nicht bereit, den Palandt herauszugeben. Dass er aber hierzu gegenüber B verpflichtet sein könnte, ist nicht ersichtlich. A hätte deshalb nur einen Anspruch auf Schadensersatz in Geld.

bb) Ein Herausgabeanspruch des A aus § 985 BGB scheitert schon daran, dass B keinen Besitz am Palandt hat.

210 cc) In Betracht kommt jedoch ein Herausgabeanspruch aus § 812 Abs. 1 S. 1 Alt. 1 BGB, wenn B den Palandt durch eine Leistung des A rechtsgrundlos erlangt hat. Leistung ist jede bewusste, zweckgerichtete Mehrung fremden Vermögens.[148] A hat B den Palandt in Erfüllung seiner kaufvertraglichen Verpflichtung zur Eigentumsverschaffung aus § 433 Abs. 1 S. 1 BGB übereignet. Im Kaufvertrag könnte dann aber zugleich der Rechtsgrund der Übereignung liegen.

Dieser würde jedoch gemäß § 142 Abs. 1 BGB rückwirkend entfallen, wenn A den Vertrag wirksam anfechten kann. Ein Anfechtungsrecht ergibt sich aus § 123 Abs. 1 BGB. Nach dem Sachverhalt bestehen keine Zweifel, dass B den A hinsichtlich der Echtheit der Erstausgabe arglistig getäuscht hat. Diese Täuschung war ursächlich für den Abschluss des Tauschvertrages, denn A hat in den Tausch nur eingewilligt, weil er an einem Nachdruck kein Interesse hatte.

Erklärt A die Anfechtung, würde es also am Rechtsgrund der Übereignung fehlen, so dass A gegen B einen bereicherungsrechtlichen Herausgabeanspruch aus § 812 Abs. 1 S. 1 Alt. 1 BGB hätte. Auch hier ist aber zu berücksichtigen, dass B zur Herausgabe außerstande ist. Auch der Anspruch auf Herausgabe der Bereicherung wäre deshalb erloschen, und A könnte lediglich gemäß § 818 Abs. 2 BGB Wertersatz verlangen.

dd) Ein Anspruch aus § 816 Abs. 1 S. 1 BGB ist von vornherein nur auf Herausgabe des durch die Verfügung Erlangten gerichtet.

---

[148] Palandt/*Sprau*, § 812 Rn. 3.

Von B kann A deshalb auch nach der Anfechtung des Vertrages das Buch nicht zurückerlangen.

b) Zu prüfen ist, ob P trotz seiner Weigerung zur Herausgabe an A verpflichtet ist. **211**

aa) Zunächst in Betracht kommt ein Anspruch aus § 985 BGB, denn P ist Besitzer des Buchs. Fraglich ist aber, ob A noch Eigentümer ist. Die Übereignung an B könnte nach der Anfechtungserklärung unwirksam werden. Dies muss an dieser Stelle aber noch nicht entschieden werden. Selbst wenn B nicht Eigentümer geworden wäre, hätte A sein Eigentum an P verloren. Da P die fehlende Berechtigung nicht kennen konnte und nach dem Sachverhalt entgegen § 142 Abs. 2 BGB auch die Anfechtbarkeit nicht kannte, hätte P gemäß §§ 929 S. 1, 932 BGB gutgläubig Eigentum erworben. Ein Anspruch aus § 985 BGB scheidet deshalb aus.

bb) In Betracht kommen aber bereicherungsrechtliche Ansprüche, die ihre Ursache darin haben, dass P Eigentum und Besitz am Buch unentgeltlich erlangt hat. Mögliche Anspruchsgrundlagen sind dabei § 816 Abs. 1 S. 2 BGB und § 822 BGB. **212**

Ich prüfe zunächst § 822 BGB.

Dieser knüpft die Herausgabepflicht des P daran, dass die Verpflichtung des B zur Herausgabe der Bereicherung ausgeschlossen ist. Hierfür genügt es nicht, dass B das Buch selbst nicht mehr herausgeben kann. Vielmehr nimmt § 822 BGB ausdrücklich Bezug auf § 818 Abs. 3 BGB. Danach ist die Verpflichtung zur Herausgabe oder zum Wertersatz ausgeschlossen, soweit der Empfänger nicht mehr bereichert ist. Dies könnte hier der Fall sein, da B aufgrund der unentgeltlichen Veräußerung den Wert des Buches nicht mehr in seinem Vermögen hat. Allerdings tritt eine Entreicherung nicht ein, wenn B gemäß § 819 Abs. 1 BGB bei der Veräußerung den Mangel des rechtlichen Grundes seines Erwerbs kannte. Unmittelbar war dies zwar nicht der Fall, da A die Anfechtung noch nicht erklärt hat. Gemäß § 142 Abs. 2 BGB wird jedoch die Kenntnis der Anfechtbarkeit des Rechtsgeschäfts gleichgestellt. Die Anfechtbarkeit kannte B, denn er hat A arglistig getäuscht. B ist also durch die Veräußerung des Palandt an P nicht entreichert. A kann deshalb nicht von P die Herausgabe des Buches nach § 822 BGB verlangen.

cc) Ein Anspruch aus § 816 Abs. 1 S. 2 BGB setzt voraus, dass B als Nichtberechtigter über das Buch verfügt hat und diese Verfügung dem A gegenüber wirksam ist. Dass letzteres der Fall wäre, weil P in jedem Fall gutgläubig Eigentum erworben hätte, habe ich bereits ausgeführt. Dabei konnte ich aber offen lassen, ob B tatsächlich nicht zur Veräußerung befugt war, weil die dingliche Einigung aufgrund **213**

Anfechtung als von Anfang an nichtig anzusehen ist. Nunmehr hängt von dieser Frage aber ab, ob A sein Buch zurückverlangen kann.

Da die dingliche Einigung ein Rechtsgeschäft ist, ist eine Anfechtung ohne weiteres möglich. Aufgrund des Abstraktionsprinzips ist aber grundsätzlich zwischen Mängeln des Grundgeschäfts und Mängeln der Verfügung zu unterscheiden. Denkbar ist jedoch, dass sich ein solcher Mangel auf beiden Ebenen auswirkt. Man spricht dann von einem Doppelmangel oder Fehleridentität. Dies liegt nahe, wenn Verpflichtungs- und Verfügungsgeschäft in einem Willensakt zusammenfallen. Wird der Veräußerer arglistig getäuscht, so wird vermutet, dass er auch das Übereignungsangebot bei Kenntnis der Täuschung nicht abgegeben hätte.[149]

Dies überzeugt auch für den vorliegenden Fall: Hätte A gewusst, dass er tatsächlich eine Originalausgabe besitzt, hätte er diese laut Sachverhalt nicht etwa zu einem höheren Preis verkauft. Er hätte sie überhaupt nicht veräußert. Die Täuschung durch B hat also auch die Übereignung erfasst. Die Anfechtung würde deshalb zur rückwirkenden Nichtigkeit der Verfügung führen. Dies hat zur Folge, dass B das Eigentum mangels Einigung nicht erworben hat, so dass er bei der Weiterveräußerung an P als Nichtberechtigter gehandelt hat. Die Voraussetzungen des § 816 Abs. 1 S. 2 BGB liegen somit vor.

c) Ich rate A also, gegenüber B die Anfechtung zu erklären. P muss dann den Palandt gemäß § 816 Abs. 1 S. 2 BGB an A herausgeben.

214 2. Ich komme nun zum zweiten Teil meines Vortrags, in dem ich mich einer Abwandlung des eben besprochenen Grundfalls widme:

A hat gegenüber B die Anfechtung erklärt. P hat dem B das Buch zurückgegeben. B weigert sich aber, es an A weiterzuleiten. Daraufhin verklagt ihn A. In der mündlichen Verhandlung erscheint B und gibt dem A das Buch zurück. Gefragt ist nach der für A günstigsten Prozesshandlung, um das Verfahren zu beenden, nachdem B sich weigert, Prozesserklärungen abzugeben.

215 a) A könnte einen Antrag auf Verurteilung des B zur Herausgabe des Palandt stellen. Das Verfahren würde sodann durch Urteil entschieden. Allerdings müsste das Gericht die Klage abweisen, denn zum maßgeblichen Zeitpunkt der letzten mündlichen Verhandlung war der Anspruch des A jedenfalls durch Erfüllung gemäß § 362 Abs. 1 BGB erloschen. Folge der Klagabweisung wäre, dass A gemäß § 91 Abs. 1 S. 1 ZPO die Kosten des Rechtsstreits zu tragen hätte.

Etwas anderes ergäbe sich nicht, wenn B selbst keinen Antrag stellt und A den Erlass eines Versäumnisurteils nach § 333 ZPO beantragt.

---

[149] Palandt/*Ellenberger*, Vor § 104 Rn. 23 m.w.N.

Das tatsächliche mündliche Vorbringen des B, das gemäß § 331 Abs. 1 S. 1 ZPO als zugestanden anzunehmen wäre, würde das Klagbegehren wegen der Erfüllung nicht rechtfertigen, so dass die Klage gemäß Abs. 2 durch sog. unechtes Versäumnisurteil abgewiesen werden müsste, was wiederum zur Kostentragungslast des A führen würde.

b) A könnte die Klage gemäß § 269 Abs. 1 ZPO zurücknehmen. Die **216** Einwilligung des B wäre hierfür nur erforderlich, wenn die mündliche Verhandlung bereits begonnen hatte. Gemäß § 137 Abs. 1 ZPO beginnt die mündliche Verhandlung mit dem Stellen der Anträge. Hierzu war es aber laut Sachverhalt noch nicht gekommen. A kann die Klage deshalb ohne Mitwirken des B zurücknehmen. Gemäß § 269 Abs. 3 S. 2 ZPO wäre er jedoch wiederum zur Kostentragung verpflichtet, da kein Grund ersichtlich ist, die Kosten dem B aufzuerlegen.

c) A kann die Klage für erledigt erklären. **217**

aa) Mit Zustimmung des B läge eine übereinstimmende Erledigungserklärung vor. Das Gericht hätte gemäß § 91a Abs. 1 S. 1 ZPO nur noch durch Beschluss über die Kosten zu entscheiden. Diese Entscheidung würde unter Berücksichtigung des bisherigen Sach- und Streitstandes nach billigem Ermessen ergehen. Dabei werden in der Regel der Partei die Kosten auferlegt, die sie auch nach den allgemeinen Regeln, insbesondere § 91 ZPO zu tragen hätte.[150] Dies wäre der B, denn da A von ihm nunmehr unmittelbar Herausgabe zumindest aus § 812 Abs. 1 S. 1 Alt. 1 BGB verlangen kann, hätte er ohne die Erledigung den Prozess verloren.

B wird einer Erledigungserklärung des A jedoch nicht zustimmen. **218**

bb) Es läge folglich nur eine einseitige Erledigungserklärung vor. Diese führt nach überwiegender Auffassung zu einer gemäß § 264 Nr. 2 ZPO zulässigen Änderung des Streitgegenstandes.[151] Statt der Leistung begehrt A nunmehr die Feststellung, dass sich die Klage erledigt hat. Das Gericht wird diesem Antrag stattgeben, wenn die Klage zum Zeitpunkt der Erledigungserklärung zulässig und begründet war und durch ein Ereignis nach Eintritt der Rechtshängigkeit unzulässig oder unbegründet geworden ist.[152]

Gegen die Zulässigkeit bestehen keine Bedenken. Die Klage war auch begründet, da A von B Herausgabe verlangen konnte. Wie oben gezeigt, ist die Klage durch die Rückgabe des Buchs unbegründet

---

[150] Musielak/*Wolst*, § 91a Rn. 23.
[151] Musielak/*Wolst*, § 91a Rn. 29.
[152] Musielak/*Wolst*, § 91a Rn. 29.

geworden, da der Anspruch durch Erfüllung erloschen ist. Die (Feststellungs-) Klage des A hätte also Erfolg. Deshalb würden dem B gemäß § 91 Abs. 1 S. 1 ZPO die Kosten des Rechtsstreits auferlegt.

Dieses Ergebnis gilt unabhängig davon, ob B Klagabweisung beantragt oder keinen Antrag stellt, so dass ein Versäumnisurteil nach § 331 Abs. 2 ZPO ergehen müsste.

Ich danke Ihnen sehr für Ihre Aufmerksamkeit!

C. Literatur zur Vertiefung

Bockholdt, Kostengünstige Beendigung eines für den Beklagten aussichtslosen Rechtsstreits, JA 2006, 133 ff.; *Kraft*, Zustimmung zur Erledigungserklärung durch Schweigen des säumigen Beklagten?, JA 2005, 288 f.; *Deubner*, Taktik im Zivilprozess: Zustimmung zur Erledigungserklärung ohne Erledigung, JuS 2004, 979 ff.; *Witt*, Gutgläubiger Erwerb antiquarischer Bücher, JuS 2003, 1091 ff.; *Ebner*, Die Erledigung der Hauptsache im Zivilprozess, JA 1998, 784 ff.

Aufgabe 11: Gesellschaftsrecht und Prozessstandort

A. Aufgabenstellung

1. Erläutern Sie Gemeinsamkeiten und Unterschiede der Gesellschaft bürgerlichen Rechts, der offenen Handelsgesellschaft und der Kommanditgesellschaft! **219**

2. Die K-KG aus Fürstenwalde wird in rechtlichen Belangen seit Jahren vom Berliner Rechtsanwalt R vertreten. Die Kanzlei des R hat ihren Sitz in Berlin-Köpenick. Sämtliche Mandatsverträge enthalten die Klausel:

> *„Für Streitigkeiten aus diesem Vertrag sind die Gerichte in Berlin zuständig. Der Erfüllungsort für Pflichten aus diesem Vertrag bleibt hiervon unberührt."*

K schuldet dem R für eine außergerichtliche Tätigkeit Honorar in Höhe von € 4.000,-. R droht K eine Klage vor dem Amtsgericht Köpenick an. K meint, sie müsse vor dem Amtsgericht Fürstenwalde verklagt werden.

Wer hat Recht?

B. Lösungshinweise

I. Vortragsgliederung

1. Personengesellschaften
   a) Gemeinsamkeiten
      aa) Rechtsfähigkeit
      bb) Gründung
      cc) Geschäftsführung
      dd) Steuerpflicht
   b) Unterschiede
      aa) Haftung und Vertretung
      bb) Gesellschaftszweck
      cc) Ausscheiden eines Gesellschafters

2. Zuständiges Gericht für Zahlungsklage des R
   a) Sachliche Zuständigkeit
   b) Örtliche Zuständigkeit
      aa) Allgemeiner Gerichtsstand
      bb) Besonderer Gerichtsstand
         (1) Niederlassung
         (2) Erfüllungsort
            (a) Ort der Vertragserfüllung
            (b) § 29 Abs. 2 ZPO
         (3) § 34 ZPO
      cc) Gerichtsstandsvereinbarung
   c) Ergebnis

II. Vortragsvorschlag

220 Sehr geehrte Damen und Herren,

mein Vortrag gliedert sich in zwei Teile. Im ersten Teile werde ich wesentliche Gemeinsamkeiten und Unterschiede in Bezug auf GbR, oHG und KG darstellen. Im zweiten Teil entwickle ich die Lösung eines Rechtsfalls.

221 1. a) GbR, oHG und KG sind Personengesellschaften. Im Gegensatz zu den Kapitalgesellschaften wie AG und GmbH, bei denen die Kapitalbeteiligung im Vordergrund steht, haben bei den Personengesellschaften die Personen als Gesellschafter eine zentrale Bedeutung.

aa) Deshalb sind die Kapitalgesellschaften selbst Zuordnungsobjekt von Rechten und Pflichten, während die Personengesellschaften nur teilrechtsfähig sind. Sie sind keine von den Gesellschaftern unabhängigen Rechtsobjekte. Träger der Rechte und Pflichten sind die gesamthänderisch verbundenen Gesellschafter. Diese Teilrechtsfähigkeit, die sich für oHG und KG aus § 124 HGB ergibt, ist auch für die GbR mittlerweile anerkannt.[153]

bb) Die Gründung von GbR, oHG und KG setzt den Zusammen- 222
schluss von mindestens zwei Personen durch einen Gesellschaftsvertrag voraus, für den kein Formerfordernis besteht und der auch stillschweigend geschlossen werden kann. Im Gesellschaftsvertrag können die Gesellschafter die Ausgestaltung der Gesellschaft weit gehend selbst bestimmen. Meine Darstellung orientiert sich an den grundlegenden gesetzlichen Regelungen.

cc) Die Personalisierung der Personengesellschaften wird auch daran deutlich, dass die Geschäftsführung nur durch die Gesellschafter erfolgen kann. Eine Fremdorganschaft ist anders als bei den Kapitalgesellschaften nicht möglich.

dd) Die Personengesellschaften selbst sind auch keine Steuersubjekte. Besteuert werden lediglich die Gewinnanteile der Gesellschafter nach deren individuellem Einkommensteuersatz. Verluste der Gesellschaft werden den Gesellschaftern zugewiesen. Für die GbR folgt das aus § 722 BGB, für die oHG aus § 120 Abs. 2 HGB, der mit Einschränkungen gemäß § 167 Abs. 2 HGB auch für die KG gilt.

b) aa) Ein wesentlicher Unterschied zwischen GbR und oHG auf der 223
einen und der KG auf der anderen Seite ist das Verhältnis der Gesellschafter untereinander und zu Gläubigern der Gesellschaft. Die Gesellschafter einer GbR und einer oHG unterscheiden sich in dieser Hinsicht nicht. Sie sind alle zur Geschäftsführung befugt und dürfen die Gesellschaft vertreten, wobei die GbR-Gesellschafter nur zur gemeinschaftlichen Vertretung berechtigt sind, währen die oHG-Gesellschafter Einzelvertretungsmacht haben. Gegenüber den Gesellschaftsgläubigern haften sie gemäß bzw. entsprechend § 128 S. 1 HGB[154] persönlich. Bei der KG ist das anders: Hier gibt es neben den persönlich haftenden Komplementäre auch die Kommanditisten, deren Haftung für Gesellschaftsschulden gemäß § 171 Abs. 1 HGB zunächst

---

[153] *BGH* NJW 2001, 1056.

[154] Zur analogen Anwendung des § 128 HGB auf die GbR: *BGH* NJW 2001, 1056 (1061). Vgl. ausführlich zur Haftung der GbR-Gesellschafter *Lingl*, JuS 2005, 595 ff.

auf die Höhe der Einlage beschränkt und nach Leistung der Einlage sogar ganz ausgeschlossen ist. Gemäß § 170 HGB sind die Kommanditisten von der Vertretung der KG ausgeschlossen.

224 bb) Die GbR unterscheidet sich von oHG und KG auch mit Blick auf den Gesellschaftszweck. Während der Betrieb der GbR auf jeden gesetzlich erlaubten Zweck gerichtet sein kann[155], muss Zweck der oHG und KG der Betrieb eines Handelsgewerbes sein. Hierunter fällt gemäß § 1 Abs. 2 HGB jeder Gewerbetrieb, es sei denn, dass das Unternehmen nach Art und Umfang einen in kaufmännischer Weise eingerichteten Geschäftsbetrieb nicht erfordert.

Die Abgrenzung erfolgt deshalb insbesondere an zwei Punkten: Nach überwiegender Ansicht erfasst der Gewerbebegriff keine Freiberufler.[156] Rechtsanwälte, Architekten oder Ärzte können sich deshalb nicht zu einer oHG oder KG zusammenschließen, wohl aber zu einer GbR. Aber auch wenn die Gesellschaft ein Gewerbe betreibt, kann sie GbR sein, so lange sie kein Handelsgewerbe betreibt. Die Frage, wann das Unternehmen einen in kaufmännischer Weise eingerichteten Gewerbetrieb erfordert, ist anhand des Gesamteindrucks des Unternehmens zu beurteilen. Von besonderer Bedeutung sind dabei u.a. Zahl und Funktion der Beschäftigten, die Zahl der Betriebsstätten und die Höhe des Umsatzes.[157] Zu beachten ist aber, dass gemäß § 105 Abs. 2 HGB auch eine Gesellschaft, die ein Kleingewerbe betreibt, durch Eintragung in das Handelsregister zur oHG wird.

225 cc) Unterschiede bestehen auch im Hinblick auf den Fortbestand der Gesellschaft bei Ausscheiden eines Gesellschafters. Das Ausscheiden eines GbR-Gesellschafters durch Kündigung, Tod oder Eröffnung des Insolvenzverfahrens über sein Privatvermögen sowie der Ausschluss eines Gesellschafters führen gemäß §§ 723, 727, 728, 737 BGB grundsätzlich zur Auflösung der Gesellschaft. Dagegen ist das Ausscheiden eines Gesellschafters einer oHG und KG aus den zuvor genannten Gründen gemäß § 130 Abs. 3 HGB für den Bestand der Gesellschaft unerheblich.

226 2. Im zweiten Teil meines Vortrages beschäftige ich mich mit der Frage der gerichtlichen Zuständigkeit für eine Klage des Rechtsanwalts R aus Berlin-Köpenick gegen seine Mandantin K-KG aus Fürstenwalde. Im Mandatsvertrag ist geregelt, dass für Streitigkeiten aus diesem Vertrag die Gerichte in Berlin zuständig sind. R will nun ein offenes

---

[155] Palandt/*Sprau*, § 705 Rn. 20.
[156] Baumbach/Hopt/*Hopt*, § 1 Rn. 12.
[157] Baumbach/Hopt/*Hopt*, § 1 Rn. 23.

Honorar aus einer außergerichtlichen Tätigkeit in Höhe von € 4.000,00 vor dem Amtsgericht Köpenick einklagen. K meint, sie müsse vor dem Amtsgericht Fürstenwalde verklagt werden.

a) Für die Zahlungsklage des R gegen K ist sachlich das Amtsgericht zuständig, denn der Streitwert von € 4.000,- liegt unter der Grenze von € 5.000,-, bis zu der bürgerliche Rechtsstreitigkeiten von § 23 Nr. 1 GVG den Amtsgerichten zugewiesen werden. Insoweit herrscht zwischen den Parteien auch kein Streit. **227**

b) Nicht einig sind sich R und K jedoch darüber, welches Amtsgericht örtlich zuständig ist. **228**

aa) Gemäß § 12 ZPO ist eine Person grundsätzlich vor dem Gericht zu verklagen, bei dem sie ihren allgemeinen Gerichtsstand hat. Dabei wird für Gesellschaften gemäß § 17 Abs. 1 S. 1 ZPO dieser allgemeine Gerichtsstand durch ihren Sitz bestimmt, soweit die Gesellschaft als solche verklagt werden kann. Wie aus §§ 124 Abs. 1, 161 Abs. 2 HGB folgt, kann die K als Kommanditgesellschaft verklagt werden. Ihr Sitz befindet sich aber in Fürstenwalde. Dort liegt somit auch ihr allgemeiner Gerichtsstand.

bb) R kann K deshalb nur dann vor dem Amtsgericht Köpenick verklagen, wenn dort ein besonderer Gerichtsstand für seine Klage begründet ist.

(1) Gemäß § 21 Abs. 1 ZPO kann eine Gesellschaft auch am Ort ihrer Niederlassung verklagt werden. Aus dem Sachverhalt ergibt sich aber nicht, dass K in Berlin-Köpenick eine Niederlassung hat.

(2) In Betracht kommt aber der besondere Gerichtsstand des Erfüllungsortes nach § 29 ZPO. **229**

(a) Gemäß § 29 Abs. 1 ZPO ist für Streitigkeiten aus einem Vertragsverhältnis das Gericht des Ortes zuständig, an dem die streitige Verpflichtung zu erfüllen ist. R und K streiten über den Anspruch des R auf Honorarzahlung aus dem Mandatsvertrag. Das Amtsgericht Köpenick ist für diese Streitigkeit zuständig, wenn die streitige Zahlungsverpflichtung der K in Köpenick zu erfüllen ist.

Der Ort der Vertragserfüllung ist in der ZPO nicht geregelt, sondern ergibt sich aus dem BGB. Gemäß § 269 Abs. 1 BGB hat die Leistung grundsätzlich an dem Ort zu erfolgen, an welchem der Schuldner zur Zeit der Entstehung des Schuldverhältnisses seinen Wohnsitz hatte, wenn sich aus den Umständen, insbesondere der Natur des Schuldverhältnisses kein Erfüllungsort entnehmen lässt. Für gewerbliche Schulden ist nach § 269 Abs. 2 BGB der Ort der Niederlassung maßgeblich. Danach wäre Erfüllungsort nicht Köpenick, sondern Fürstenwalde.

230 Nach allgemeiner Ansicht lässt sich bei gegenseitigen Verträgen aus der Natur des Schuldverhältnisses entnehmen, dass ein einheitlicher Erfüllungsort bestehen soll und zwar am Sitz der Partei, die die vertragscharakteristische Leistung zu erbringen hat. Vertragscharakteristisch ist dabei in der Regel die Leistung, die nicht auf Vergütung gerichtet ist. Dies wäre beim Mandatsvertrag also die Leistung des Rechtsanwalts.

In Konsequenz dieser Auffassung ist deshalb vertreten worden, dass der Erfüllungsort für den Gebührenanspruch des Rechtsanwalts am Sitz der Kanzlei ist.[158] Dies wurde verschiedentlich kritisiert.[159]

231 Der Bundesgerichtshof hat sich dieser Kritik nunmehr zu Recht angeschlossen.[160] Aus der Natur des Mandatsvertrages ergibt sich nicht, dass der Erfüllungsort für die Honorarzahlung des Mandates der Sitz der Kanzlei ist. Es stellt eine vom Gesetz nicht gedeckte Privilegierung der Rechtsanwälte gegenüber anderen Gläubigern von Geldforderungen dar, wenn sie ihr Honorar nicht am Schuldnerwohnsitz geltend machen müssten. Dies verträgt sich zudem nicht mit dem Schuldnerschutz. Um § 269 Abs. 1 BGB nicht auszuhöhlen, bedarf es deshalb für die Feststellung eines gemeinsamen Erfüllungsortes weiterer Umstände, wie zum Beispiel den sofortigen Leistungsaustausch beim Ladengeschäft oder die räumliche Nähe zu einem zu errichtenden Bauwerk. Hiermit ist der Mandatsvertrag nicht vergleichbar.

Aus § 29 Abs. 1 ZPO kann sich die örtliche Zuständigkeit des Amtsgerichts Köpenick also nicht ergeben.

232 (b) R und H haben auch keine Vereinbarung im Sinne von § 29 Abs. 2 ZPO darüber getroffen, dass der Erfüllungsort in Köpenick liegt. Unabhängig von der Frage, ob eine solche Vereinbarung überhaupt wirksam wäre, ist im Mandatsvertrag ausdrücklich geregelt, dass die Gerichtsstandsklausel den Erfüllungsort unberührt lässt.

233 (3) Auch aus § 34 ZPO kann sich die örtliche Zuständigkeit des Amtsgerichts Köpenick schon deshalb nicht ergeben, weil die Parteien nicht über Ansprüche des R auf Gebühren und Auslagen streiten, die in einem Prozess entstanden sind. Vielmehr schuldet K dem R das Honorar für eine außergerichtliche Tätigkeit.

Weitere besondere Gerichtsstände kommen hier nicht in Betracht. Das Amtsgericht Köpenick ist deshalb grundsätzlich unzuständig.

---

[158] Vgl. *BGH* NJW 1991, 3095 (3069); *BayObLG* NJW 2003, 366 (367); *OLG Köln* NJW-RR 1997, 825; Thomas/Putzo/*Hüßtege*, § 29 Rn. 6; alle m.w.N.

[159] Vgl. die umfangreichen Nachweise bei *OLG Karlsruhe* NJW 2003, 2174 (2176).

[160] *BGH* NJW 2004, 54 ff.

cc) Seine Zuständigkeit kann sich jedoch gemäß § 38 Abs. 1 ZPO aus der Gerichtsstandsvereinbarung zwischen R und K ergeben. **234**

Die Parteien haben eine solche Vereinbarung getroffen. In dem Mandatsvertrag heißt es: *„Für Streitigkeiten aus diesem Vertrag sind die Gerichte in Berlin zuständig."*

Fraglich ist, ob diese Vereinbarung wirksam ist. Da die Voraussetzungen des § 38 Abs. 2 und 3 ZPO erkennbar nicht vorliegen, kann hier nur Abs. 1 greifen. Danach ist die Gerichtsstandsvereinbarung wirksam, wenn R und K Kaufleute sind.

Die Kaufmannseigenschaft der K-KG folgt aus §§ 6 Abs. 1, 161 Abs. 1 HGB.

Zweifelhaft ist die Kaufmannseigenschaft des R. Gemäß § 1 HGB **235**
ist Kaufmann, wer ein Handelsgewerbe betreibt. Hierunter fällt jeder Gewerbebetrieb, es sei denn, dass das Unternehmen nach Art oder Umfang einen in kaufmännischer Weise eingerichteten Geschäftsbetrieb nicht erfordert.

Bei der Anwaltskanzlei des R müsste es sich also zunächst um einen Gewerbebetrieb handeln. Voraussetzung eines Gewerbes ist – neben der Selbständigkeit, der äußeren Erkennbarkeit, der Planmäßigkeit und Dauerhaftigkeit, der Legalität der Tätigkeit und der Gewinnerzielungsabsicht -, dass kein freier Beruf ausgeübt wird. Der Beruf des Rechtsanwalts ist jedoch ein freier Beruf und kein Gewerbe. Das ergibt sich aus § 2 BRAO.[161] R ist folglich kein Kaufmann.

Nach überwiegender Auffassung ist die Regelung des § 38 Abs. 1 **236**
ZPO abschließend. Eine ausdehnende Auslegung etwa auf solche Personen wie Rechtsanwälte, Notare, Steuerberater oder Angehörige wirtschaftsberatender Berufe ist de lege lata unzulässig.[162]

c) Ich komme deshalb zu dem Ergebnis, dass das Amtsgericht Berlin-Köpenick für die Klage des R unzuständig wäre. R muss K deshalb an deren allgemeinem Gerichtsstand in Fürstenwalde verklagen.

Ich danke Ihnen sehr für Ihre Aufmerksamkeit!

---

[161] Sie sollten wissen, dass ein Rechtsanwalt kein Kaufmann ist. Die Kenntnis des § 2 BRAO dürfte von Ihnen aber nicht erwartet werden.

[162] Musielak/*Heinrich*, § 38 Rn. 10; Thomas/Putzo/*Hüßtege*, § 38 Rn. 10; a.A. Zöller/*Vollkommer*, § 38 Rn. 18, als Konsequenz der neueren Rechtsprechung des BGH zu § 29 Abs. 1 ZPO.

C. Literatur zur Vertiefung

Würdinger/Pechartscheck, Der Vergütungsanspruch des Rechtsanwalts gegenüber seinem Mandanten, JA 2007, 401 ff.; *Huber*, Grundwissen – Zivilprozessrecht: Gerichtsstand, JuS 2007, 318 ff.; *Müller*, Die gestaltete Gesellschaft, JA 2004, 717 ff.; *Saenger*, Rechtsfähigkeit und Haftungsbeschränkung bei der Gesellschaft bürgerlichen Rechts, JuS 2003, 577 ff.; *Schreiber*, Geschäftsführungsbefugnis und Vertretungsmacht in der Gesellschaft bürgerlichen Rechts, Jura 2001, 346 ff.; *Habermeier*, Grundfragen des Gesellschaftsrechts, JuS 1998, 865 ff.; *Timm*, Die Klausur im Handels- und Wirtschaftsrecht – Eine Anleitung zur Anfertigung handels- und gesellschaftsrechtlicher Gutachten, JuS 1994, 309 ff.

Aufgabe 12: Kneipenmusik

A. Aufgabenstellung

B will eine Kneipe eröffnen. Von M erwirbt er eine Musikanlage im Wert von € 500,- unter Eigentumsvorbehalt. Als die Gäste ausbleiben, gewährt ihm der befreundete DJ T einen Kredit. Um seinen Rückzahlungsanspruch zu sichern, lässt sich T das Eigentum an der Musikanlage übertragen, die B aber weiterhin benutzen darf. 237

B zahlt in der Folge weder die Kaufpreisraten an M noch die Kreditraten an T.

Als B auf mehrere Schreiben des T nicht reagiert, lässt T die Musikanlage ohne Wissen des B abholen.

Hiervon erlangt M Kenntnis. Er unterrichtet T vom Eigentumsvorbehalt und fordert die Anlage heraus. T lehnt dies ab und wendet sich an B, von dem er sich schriftlich bestätigen lässt, dass er, B, einverstanden sei, dass die Anlage bei T verbleibt.

Daraufhin lässt M die Musikanlage in einer „Nacht-und-Nebel-Aktion" in seinen Laden bringen. Gegenüber B erklärt er den Rücktritt vom Kaufvertrag.

Kurze Zeit später wird dem M vom zuständigen Amtsgericht, bei dem sowohl T als auch M ihren allgemeinen Gerichtsstand haben, die Klage des T auf Herausgabe der Musikanlage zugestellt. M fragt Sie, wie er auf diese Klage reagieren soll.

Was raten Sie M?

(Beschränken Sie die Prüfung eines Herausgabeanspruchs des T auf §§ 985, 861 BGB!)

B. Lösungshinweise

I. Vortragsgliederung

1. Sachverhalt

2. Beratung des M
   a) Zulässigkeit der Klage
   b) Herausgabeanspruch gegen M, § 985 BGB
      aa) Ursprüngliches Eigentum des B
      bb) Verlust an B
      cc) Verlust an T
         (1) Besitzkonstitut
         (2) Erwerb vom Nichtberechtigten, § 933 BGB
   c) Herausgabeanspruch gegen M, § 861 Abs. 1 BGB
      aa) Anspruchsvoraussetzungen
      bb) Ausschluss des Anspruchs, § 861 Abs. 2 BGB
      cc) Ausschluss des Anspruchs, § 864 Abs. 1 BGB
      dd) Ausschluss des Anspruchs, § 864 Abs. 2 BGB
      ee) Ausschluss durch petitorische Widerklage
         (1) Analoge Anwendung des § 864 Abs. 2 BGB auf letztinstanzliche Entscheidungen
         (2) Literatur: nicht auf unterinstanzliche
         (3) Rechtsprechung und h. L.: auch auf unterinstanzliche
         (4) Zulässigkeit einer Widerklage
         (5) Begründetheit einer Widerklage

3. Ergebnis

II. Vortragsvorschlag

238 Sehr geehrte Damen und Herren,

in meinem Vortrag geht es um die rechtliche Beratung des M.

1. Diesem ist die Klage des T auf Herausgabe einer Musikanlage zugestellt worden. Die Anlage hat einen Wert von € 500,- und befindet sich im Besitz des M. Er hatte sie ursprünglich unter Eigentumsvorbehalt an B veräußert. B hat dann die Anlage als Sicherheit für einen ihm gewährten Kredit an den Kläger T übereignet. Weder die Kaufpreis- noch die Kreditraten konnte B zahlen. T ließ deshalb die Anlage ohne Kenntnis des B abholen. Dies erfährt M und verlangt die Anlage unter Hinweis auf den Eigentumsvorbehalt heraus. T kommt dem aber nicht

nach, sondern lässt sich von B schriftlich bestätigen, dass dieser mit dem Verbleib der Anlage bei T einverstanden ist. Daraufhin tritt M vom Kaufvertrag mit B zurück und holt die Anlage ohne Kenntnis des T in seinen Laden.

2. Eine sachgerechte Beratung des M setzt die Prüfung voraus, ob T zu Recht die Herausgabe der Musikanlage verlangt. In diesem Fall würde M zur Herausgabe verurteilt werden. Gemäß § 91 Abs. 1 ZPO müsste er auch die Prozesskosten tragen. Dies ließe sich gemäß § 93 ZPO durch ein sofortiges Anerkenntnis verhindern, wenn M nicht durch sein Verhalten Anlass zur Erhebung der Klage gegeben hat. Dabei kommt es nicht darauf an, dass M die Anlage in seinen Besitz gebracht hat, sondern darauf, ob er vor Erhebung der Klage die Herausgabe verweigert hatte, denn nur dann wäre dem T keine andere Wahl geblieben.[163] **239**

a) Gegen die Zulässigkeit der Klage lassen sich keine Einwände erheben. **240**

b) Ein Herausgabeanspruch des T könnte sich aus § 985 BGB ergeben. Hierzu muss T Eigentümer der Anlage sein und M deren unrechtmäßiger Besitzer.

aa) Ursprünglicher Eigentümer war M.

bb) M kann sein Eigentum bereits an B durch Einigung und Übergabe gemäß §§ 929 S. 1, 932 BGB verloren haben. M und B haben sich geeinigt, dass B Eigentümer der Anlage werden soll. Allerdings wurde dabei ein Eigentumsvorbehalt vereinbart, weil B den Kaufpreis in Raten zahlen durfte. Gemäß § 449 Abs. 1 BGB bedeutet das, dass die Einigung unter der aufschiebenden Bedingung vollständiger Kaufpreiszahlung stand. Das Eigentum konnte folglich gemäß § 158 Abs. 1 BGB trotz Übergabe erst mit Bedingungseintritt auf B übergehen. Die Bedingung ist jedoch nicht eingetreten, da B den Kaufpreis nicht gezahlt hat. M hat sein Eigentum deshalb nicht B verloren.

cc) M kann sein Eigentum jedoch durch die Sicherungsübereignung der Anlage von B an den Kläger T verloren haben. Da B, wie ich gerade ausgeführt habe, selbst nicht Eigentümer war, kommt nur ein gutgläubiger Erwerb in Betracht. **241**

(1) Die Sicherungsübereignung erfolgt grundsätzlich nach §§ 929 S. 1, 930 BGB durch Vereinbarung eines Besitzmittlungsverhältnisses nach § 868 BGB. B und T hatten vereinbart, dass das Eigentum auf T

---

[163] Vgl. Musielak/*Wolst*, § 93 Rn. 2.

übergeht, B die Anlage aber weiterhin benutzen darf. B sollte folglich unmittelbarer Besitzer bleiben, den Besitz aber für T mitteln.

(2) Da die Anlage aber nicht B gehörte, setzt der Eigentumserwerb gemäß § 933 BGB weiterhin voraus, dass dem T die Anlage von B übergeben worden ist und T dabei hinsichtlich des Eigentums des B gutgläubig war.

242 Zweifel bestehen bereits hinsichtlich der Übergabe. Aus dem Sachverhalt folgt, dass B die Anlage nicht dem T übergeben hat. Dieser hat sie sich geholt. Kann diese Art der Besitzverschaffung die Voraussetzungen des § 933 BGB erfüllen?

Der Wortlaut der Vorschrift scheint eindeutig. Die Sache muss dem Erwerber vom Veräußerer übergeben werden. Die Wegnahme durch den Erwerber ist hiervon schon begrifflich nicht erfasst. B hat aber nachträglich sein Einverständnis mit der Wegnahme erklärt. Dies soll nach einer Ansicht für den gutgläubigen Erwerb ausreichen, wenn der Erwerber zu diesem Zeitpunkt noch gutgläubig ist.[164]

243 Gutgläubigkeit scheidet gemäß § 932 Abs. 2 BGB aus, wenn der Erwerber weiß oder infolge grob fahrlässiger Unkenntnis nicht weiß, dass die Sache nicht dem Veräußerer gehört.

Bei Besitzverschaffung wusste T noch nichts vom Eigentumsvorbehalt des M und konnte das auch nicht wissen. Allerdings kommt es wegen des erst nachträglich erklärten Einverständnisses des B auf den Zeitpunkt der Besitzverschaffung nicht an. Das Einverständnis des B hat sich T erst infolge der Mitteilung des M vom Eigentumsvorbehalt geholt. Er war somit nicht im guten Glauben an das Eigentum des B an der Anlage und konnte dieses Eigentum folglich auch nicht erwerben.

Ein Herausgabeanspruch des T aus § 985 BGB scheidet deshalb aus.

244 c) Ein Herausgabeanspruch des T kann sich aus § 861 Abs. 1 BGB ergeben.

aa) Hierzu muss dem T der Besitz an der Anlage durch verbotene Eigenmacht entzogen worden sein und der Besitz des M gegenüber T fehlerhaft sein.

Verbotene Eigenmacht liegt gemäß § 858 Abs. 1 BGB vor, wenn dem Besitzer der Besitz ohne dessen Willen entzogen wird, sofern die Besitzentziehung nicht gestattet ist. M hat sich den Besitz an der Anlage ohne den Willen des T verschafft. War ihm das gestattet? Wie

---

[164] MünchKomm/*Quack*, § 933 Rn. 10; Staudinger/*Wiegand*, § 933 Rn. 22; *Deutsch*, JZ 1978, 385 (388); alle m.w.N.; a.A. *BGH* JuS 1978, 489.

bereits dargestellt, ist M Eigentümer der Anlage. Hieraus folgt für ihn aber lediglich ein Anspruch auf Herausgabe der Anlage. Ein Wegnahmerecht hat er nicht. Er hat damit verbotene Eigenmacht verübt. Dieser Besitz ist gemäß § 858 Abs. 2 S. 1 BGB fehlerhaft.

bb) Der Anspruch des T könnte aber gemäß § 861 Abs. 2 BGB aus- **245**
geschlossen sein. Hierzu muss bereits der Besitz des T gegenüber M fehlerhaft gewesen sein, T also mit der Besitzverschaffung verbotene Eigenmacht am Besitz des M verübt haben. Den unmittelbaren Besitz an der Sache hatte M durch freiwillige Übertragung auf B verloren. Dieser hatte den Besitz zwar zunächst willenlos verloren, später die Besitzentziehung aber genehmigt. Dass diese Besitzentziehung ohne den Willen des M erfolgte, ist unerheblich. M konnte allenfalls noch mittelbarer Besitzer sein.[165] Auf den Willen des mittelbaren Besitzers kommt es jedoch nicht an.[166] Der Besitz ist auch nicht dem Rechtsvorgänger des M entzogen worden. Damit ist nach allgemeiner Ansicht der Vorgänger im Besitz gemeint.[167] Das war T selbst.

cc) Ein Ausschluss aus § 864 Abs. 1 BGB durch Zeitablauf scheint **246**
ebenfalls nicht in Betracht zu kommen. Dem Sachverhalt lässt sich nicht entnehmen, dass zwischen Besitzentziehung und Klagerhebung mehr als ein Jahr verstrichen ist.

dd) Es ist auch nicht rechtskräftig festgestellt, dass M die Anlage im Besitz halten darf. Der Ausschlussgrund des § 864 Abs. 2 BGB ist also nicht einschlägig, jedenfalls nicht unmittelbar. Da T schon Klage erhoben hat, lässt sich ein rechtskräftiges Urteil auch vorab nicht mehr erlangen.

ee) Es ist jedoch zu prüfen, ob die Wirkung des § 864 Abs. 2 BGB **247**
auch auf anderem Wege herbeigeführt werden kann.

(1) Nach fast einhelliger Auffassung soll § 864 Abs. 2 BGB entsprechend anzuwenden sein, wenn der Täter im Verfahren auf Herausgabe der Sache durch Erhebung einer Widerklage beantragt, sein Besitzrecht festzustellen und diese Widerklage zulässig und entscheidungsreif ist, soweit es sich um ein letztinstanzliches Urteil handelt.[168]

---

[165] Der Vorbehaltsverkäufer ist mittelbarer Besitzer der Kaufsache. Hier hat B jedoch ein weiteres Besitzmittlungsverhältnis mit T begründet. Das Besitzmittlungsverhältnis mit M wäre beendet, wenn der Fremdbesitzwille des B auf Besitzmittlung für T gerichtet gewesen ist (vgl. *BGH* NJW-RR 1999, 1239 [1239]).

[166] Palandt/*Bassenge*, § 858 Rn. 2.

[167] Palandt/*Bassenge*, § 861 Rn. 13.

[168] Vgl. zur Frage der Zulässigkeit einer petitorischen Widerklage allgemein *Amend*, JuS 2001, 124 (127 ff.).

Hier entscheidet das Amtsgericht in erster Instanz; aber auch als letzte? Gemäß § 511 Abs. 1 BGB ist gegen erstinstanzliche Urteile die Berufung statthaft. Dies gilt nach Abs. 2 Nr. 1 jedoch nur, wenn der Wert der Beschwer € 600,- übersteigt, was vorliegend nicht der Fall sein kann, weil der Wert der Anlage nur € 500,- beträgt. Allerdings kann in einem solchen Fall die Berufung durch das Gericht unter den Voraussetzungen des § Abs. 2 Nr. 2 zugelassen werden. Es ist deshalb nicht ausgeschlossen, dass der Rechtsstreit durch das amtsgerichtliche Verfahren nicht abschließend entschieden wird.

248 (2) In der Literatur wird die entsprechende Anwendung des § 864 Abs. 2 BGB auf eine entscheidungsreife Widerklage in den Unterinstanzen abgelehnt.[169] § 861 BGB beabsichtige, dem Besitzer schnell zu seinem Recht zu verhelfen. Deshalb könne sich der Täter nach § 863 BGB nur eingeschränkt auf ein Besitzrecht berufen. Darüber hinaus könne der Besitzberechtigte, der sich den Besitz widerrechtlich verschafft hat, diese verbotene Eigenmacht im Ergebnis gefahrlos ausüben, weil er der Besitzklage sein Besitzrecht durch Widerklage entgegenhalten könne. Hierdurch wäre Selbstjustiz, die das Gesetz gerade abwehren wolle, kaum zu verhindern.

(3) Die Gegenauffassung wendet § 864 Abs. 2 BGB auch dann entsprechend an, wenn die Entscheidung nicht letztinstanzlich ergeht.[170] Hierdurch würde das Verfahren nicht verzögert. Bestehe Streit über das Besitzrecht, könne der Tatrichter Klage und Widerklage trennen.

Diese Auffassung verdient den Vorzug, weil sie prozessökonomisch ist. Sie verhindert, dass der Täter sich zunächst zur Herausgabe verurteilen lassen muss, um anschließend diese Herausgabe zu verweigern und in einem neuen Verfahren seine Berechtigung feststellen zu lassen.

249 (4) Es ist deshalb bereits im Rahmen der Begründetheit der Klage zu prüfen, ob eine Widerklage zulässig wäre.[171]

Eine Hauptsacheklage ist zwischen denselben Parteien rechtshängig. Das Amtsgericht ist für die Widerklage sachlich und örtlich zuständig. Letzteres folgt bereits aus § 12 ZPO. Eines Rückgriffs auf § 33 Abs. 1 ZPO bedarf es deshalb nur, wenn man in der dort vorausgesetzten Konnexität

---

[169] MünchKomm/*Joost*, § 863 Rn. 10; Palandt/*Bassenge*, § 864 Rn. 5; *Gursky*, JZ 2005, 285 (286 m.w.N.).

[170] Staudinger/*Bund*, § 864 Rn. 9; *Hagen*, JuS 1972, 124; vgl. die Nachweise bei *BGH* NJW 1979, 1358 (dort aber ebenso offen gelassen wie in NJW 1999, 425 [428]), und MünchKomm/*Joost*, § 863 Rn. 12.

[171] Allgemein zu den Voraussetzungen der Widerklage *Amend*, JuS 2001, 124 (126).

eine weitere Zulässigkeitsvoraussetzung sieht.[172] Dies muss aber nicht entschieden werden, denn Klage und Widerklage haben Rechte an der Anlage zum Gegenstand und stehen somit im rechtlichen Zusammenhang. Schließlich bedarf M eines Rechtsschutzbedürfnisses für seine Feststellungsklage. Dieses folgt schon aus dem Umstand, dass er nur so die Klagabweisung erlangen kann. Die Widerklage ist folglich zulässig.

(5) Die Widerklage muss entscheidungsreif sein. Das ist sie, wenn **250**
M gegen T seinerseits einen Anspruch auf Herausgabe der Anlage hat.

Ein solcher Anspruch folgt hier aus § 985 BGB. Dass M noch immer Eigentümer der Anlage ist, habe ich bereits erläutert. T wäre nach Rückgabe durch M Besitzer der Anlage. Ein Recht zum Besitz ist jedoch nicht ersichtlich, nachdem M vom Kaufvertrag mit B zurückgetreten ist und somit auch dieser die Besitzeinräumung nicht mehr verlangen könnte. Auch einem möglichen Anwartschaftsrecht wäre dadurch die Grundlage entzogen.

M hat also einen Anspruch auf Herausgabe der Anlage. Die Widerklage ist entscheidungsreif.

3. M ist deshalb dahin gehend zu beraten, sich gegen die Klage zu ver- **251**
teidigen. Es wäre Klagabweisung zu beantragen und Widerklage zu erheben mit dem Antrag, das Besitzrecht des M an der Anlage festzustellen.

Ich danke Ihnen sehr für Ihre Aufmerksamkeit!

C. Literatur zur Vertiefung

Huber, Grundwissen – Zivilprozessrecht: Die Widerklage, JuS 2007, 1079 ff.; *Petersen*, Grundfragen zum Recht des Besitzes, Jura 2002, 160 ff.; *Amend*, Aktuelles und Historisches zur richterlichen Anerkennung des possessorischen Besitzschutzes – BGH, NJW 1999, 425, JuS 2001, 124 ff.; *Schreiber*, Possessorischer und petitorischer Besitzschutz, Jura 1993, 440 ff.; *Kollhosser*, Grundfälle zu Besitz und Besitzschutz, JuS 1992, 215 ff., 393 ff., 567 ff.; *Schmidt*, Verhältnis von possessorischer Klage und petitorischer Widerklage, JuS 1980, 65 f.

---

[172] Zum Streitstand *Amend*, JuS 2001, 124 (126).

Aufgabe 13: Rechtsgrundlos und verjährt

A. Aufgabenstellung

252 1. Die Frage, ob der redliche unrechtmäßige Besitzer, der für die Besitzerlangung eine Gegenleistung erbracht hat, dem Eigentümer auf Nutzungsersatz haftet, wird zwischen Rechtsprechung und Literatur kontrovers diskutiert.

Stellen Sie den Ausgangspunkt der Diskussion und die zur Lösung vertretenen Positionen dar und geben Sie eine kurze Bewertung ab!

2. Vermieter V hat seinem Mieter M ordnungsgemäß gekündigt. M zieht am 31.3. aus der Wohnung aus. V stellt fest, dass M beim Auszug eine Zimmertür beschädigt hat. Nachdem M die Zahlung von Schadensersatz abgelehnt hat, reicht V am 30.9. Klage beim zuständigen Amtsgericht ein. Die Klagschrift wird dem M am 17.10. zugestellt. Am 13.11. teilt V dem Gericht mit, er und M würden derzeit versuchen, den Streit gütlich beizulegen, das Gericht solle vorerst nichts unternehmen. Am 12.8. des folgenden Jahres reicht V einen Schriftsatz ein, in dem er die Vergleichsgespräche für gescheitert erklärt; M sei in der Zwischenzeit jedem klärenden Gespräch ausgewichen. V bitte deshalb um Fortsetzung des Prozesses. Daraufhin erhebt M die Einrede der Verjährung.

Wie wird das Gericht in der Sache entscheiden?
(Der Sachverhalt muss nicht wiedergegeben werden.)

B. Lösungshinweise

I. Vortragsgliederung

1. Rechtsgrundlos = unentgeltlich?
   a) Problemstellung
      aa) Nutzungsersatzansprüche
      bb) Widerspruch bei Doppelmangel
   b) Streitstand
      aa) BGH: § 988 BGB analog
      bb) Literatur: Einschränkung § 993 Abs. 1 BGB
   c) Stellungnahme

2. Schadensersatzanspruch des V gegen M
   a) §§ 280 Abs. 1, 546 Abs. 1 BGB
      aa) Voraussetzungen
      bb) Durchsetzbarkeit: Verjährung?
         (1) Fristbeginn und -ende
         (2) Hemmung der Verjährung
            (a) Klagerhebung, § 204 Abs. 1 Nr. 1 BGB
               (aa) Zustellung „demnächst", § 167 ZPO?
               (bb) Hemmungsende, § 204 Abs. 2 BGB
            (b) Verhandlungen, § 203 BGB
   b) § 823 Abs. 1 BGB
      aa) Voraussetzungen
      bb) Durchsetzbarkeit: Verjährung
   c) Ergebnis

II. Vortragsvorschlag

Sehr geehrte Damen und Herren, **253**

mein Vortrag gliedert sich in zwei Teile. Ich werde mich zunächst mit dem Nutzungsersatzanspruch des Eigentümers gegen den redlichen unrechtmäßigen Besitzer befassen. Anschließend löse ich einen Rechtsfall, dessen Schwerpunkt im Verjährungsrecht liegt.

1. a) Wer Herausgabe einer Sache schuldet, ist regelmäßig auch **254**
verpflichtet, Nutzungsersatz für die Zeit seiner Besitzausübung zu leisten. Für die Rückabwicklung von Schuldverträgen folgt dies aus § 346 Abs. 1 BGB, im Bereicherungsrecht aus § 818 Abs. 1 BGB. Im Eigentümer-Besitzer-Verhältnis gilt dieser Grundsatz nur einge-

schränkt: Gemäß § 987 Abs. 1 BGB schuldet der redliche unrechtmäßige Besitzer Nutzungsersatz erst ab Rechtshängigkeit. Eine weiter gehende Ersatzpflicht aus § 818 Abs. 1 BGB ist wegen der in § 993 Abs. 1 a.E. BGB normierten Sperrwirkung des Eigentümer-Besitzer-Verhältnisses grundsätzlich ausgeschlossen. Etwas anderes gilt gemäß § 988 BGB nur, wenn der Besitz unentgeltlich erlangt wurde. Dann muss Nutzungsersatz auch schon vor Rechtshängigkeit nach den Vorschriften über die Herausgabe einer ungerechtfertigen Bereicherung geleistet werden.

255 Konkret bedeutet das für gescheiterte entgeltliche Veräußerungen folgendes:

aa) Ist nur das Verpflichtungsgeschäft unwirksam, schuldet der Erwerber Nutzungsersatz nach §§ 812 Abs. 1 S. 1 Alt. 1, 818 Abs. 1 BGB. Die Sperrwirkung des Eigentümer-Besitzer-Verhältnisses kann sich nicht entfalten, da der Erwerber durch das wirksame Verfügungsgeschäft Eigentümer geworden ist, so dass eine Vindikationslage fehlt.

bb) Sind dagegen sowohl das Verpflichtungs- als auch das Verfügungsgeschäft unwirksam, ist der Veräußerer Eigentümer der Sache geblieben und kann vom Erwerber gemäß § 985 BGB deren Herausgabe verlangen. Für Nutzungsersatzansprüche gilt jedoch das eingangs Gesagte: Sie bestehen erst ab Rechtshängigkeit. Die daneben entstehenden Ansprüche aus § 812 Abs. 1 S. 1 Alt. BGB wegen der Nichtigkeit des Kausalgeschäfts werden durch § 993 Abs. 1 a.E. BGB ausgeschlossen.

256 Im Ergebnis stünde damit der Erwerber bei Doppelnichtigkeit besser als in dem Fall, dass er zunächst wirksam Eigentum erworben hat. Dies wird allgemein für widersprüchlich und deshalb korrekturbedürftig gehalten.

b) Wie diese Korrektur erfolgen soll, ist jedoch umstritten.

aa) Nach Auffassung des BGH ist dieses Problem über eine entsprechende Anwendung des § 988 BGB zu lösen.[173] Der rechtsgrundlose Erwerb sei dem unentgeltlichen gleichgestellt. In beiden Fällen sei der Erwerber weniger schutzwürdig, weil er nicht wirksam eine Gegenleistung versprochen hat. Um dem Besitzer die Anrechnung des gezahlten Kaufpreises zu ermöglichen, sollen auch die Grundsätze der Saldotheorie entsprechende Anwendung finden.[174]

---

[173] Grundlegend *BGH* NJW 1953, 1826; zuletzt NJW 1995, 2627 (2628).
[174] *BGH* NJW 1995, 2627 (2628).

bb) Die überwiegende Auffassung in der Literatur lehnt diese Gleichstellung ab. Der rechtsgrundlose Besitzerwerb unterscheide sich vom unentgeltlichen elementar dadurch, dass im ersten Fall eine Gegenleistung erbracht worden ist. Vielmehr sollen die bereicherungsrechtlichen Regelungen Anwendung finden. Erreicht wird dies über eine Einschränkung der Ausschlusswirkung des § 993 Abs. 1 a.E. BGB[175] jedenfalls für die Leistungskondiktion.[176]

c) Ich meine, dass die vom BGH gewählte Lösung zumindest in 257 Dreipersonenverhältnissen zu kurz greift. Ich möchte das an einem Beispiel illustrieren:

Der geschäftsunfähige D hat eine von E geliehene Sache an B verkauft und übereignet.

Wegen der Geschäftsunfähigkeit des D sind Kaufvertrag und Übereignung gemäß § 105 BGB nichtig. B muss die Sache nach § 985 BGB an E herausgeben.

Verlangt E darüber hinaus Ersatz für die Nutzung der Sache, würde sich 258 bei direkter Anwendung der §§ 812 ff. BGB folgendes Ergebnis ergeben:

Wegen des Vorrangs der Leistungskondiktion kann nur der leistende D Nutzungsersatz von B verlangen. Diesem Anspruch kann B jedoch im Wege der Saldotheorie seinen Anspruch auf Rückzahlung des Kaufpreises entgegensetzen. E wiederum kann sich gemäß §§ 992, 823, 249 BGB an D halten.

Dagegen würde der BGH einen direkten Anspruch des E gegen B in 259 entsprechender Anwendung des § 988 BGB zulassen. Dass B für den Erwerb der Sache einen Kaufpreis gezahlt hat, müsste dabei unberücksichtigt bleiben; mangels Gegenseitigkeit hätte B auch kein Zurückbehaltungsrecht.[177]

Die Begründung des BGH wird also nicht den Interessen aller Beteiligten gerecht. Meiner Meinung nach muss die Lösung des geschilderten Problems deshalb über eine einschränkende Anwendung des § 993 Abs. 1 a.E. BGB erfolgen.

2. Ich wende mich nun dem Rechtsfall zu, dessen Sachverhalt Ihnen 260 bekannt ist. Ich werde prüfen, welche Entscheidung das Gericht in der Sache zu treffen hat.

---

[175] MünchKomm/*Medicus*, § 988 Rn. 9; Palandt/*Bassenge*, § 988 Rn. 8; jeweils m.w.N.

[176] *Medicus/Petersen*, Rn. 600.

[177] Vgl. Palandt/*Bassenge*, § 988 Rn. 7.

a) aa) Ein Anspruch des V gegen M auf Schadensersatz ergibt sich zunächst aus §§ 280 Abs. 1, 546 Abs. 1 BGB. M hat seine Pflicht zur Rückgabe der Mietsache verletzt, da er diese nicht so zurückgegeben hat, wie es geschuldet war. Vielmehr war eine Zimmertür beschädigt. M muss den dabei entstandenen Schaden ersetzen.

261 bb) M ist jedoch der Ansicht, er könne die Zahlung gemäß § 214 Abs. 1 BGB verweigern und erhebt die Einrede der Verjährung.

(1) Gemäß § 548 Abs. 1 BGB verjährt der Schadensersatzanspruch des V in sechs Monaten ab Rückgabe der Mietsache. M hat die Wohnung am 31.3. zurückgegeben. Die Sechsmonatsfrist begann gemäß § 187 Abs. 1 BGB am 1.4. und endete gemäß § 188 Abs. 2 BGB am 30.9. Der Anspruch des V ist also eigentlich verjährt.

(2) (a) Etwas anderes kann aus der Klagerhebung gegen M folgen. Gemäß § 204 Abs. 1 Nr. 1 BGB wird die Verjährung durch Erhebung der Klage auf Leistung gehemmt. V hat am 30.9., also vor Ablauf der Verjährung, die Klagschrift bei Gericht eingereicht. Klagerhebung setzt jedoch gemäß § 253 Abs. 1 ZPO die Zustellung dieser Klagschrift voraus. Diese erfolgte erst am 17.10. und damit nach Ablauf der Verjährungsfrist.

262 (aa) Gemäß § 167 ZPO tritt die Hemmungswirkung der Zustellung aber bereits mit Eingang der Klagschrift ein, wenn die Zustellung demnächst erfolgt ist. Damit soll der Kläger vor den Unwägbarkeiten des Zustellungsverfahrens geschützt werden. Wie lang der Zeitraum zwischen Eingang der Klage und Zustellung höchstens sein darf, kann offen bleiben.[178] Hier ist die Zustellung bereits am 17.10. erfolgt. Das erfüllt die Voraussetzungen des § 167 ZPO. Die Verjährungsfrist ist deshalb seit dem 30.9. gehemmt.

(bb) Allerdings bestimmt § 204 Abs. 2 S. 1 BGB, dass die Hemmung sechs Monate nach Beendigung des Verfahrens endet. An die Stelle der Beendigung tritt gemäß Satz 2 die letzte Verfahrenshandlung der Parteien oder des Gerichts, wenn das Verfahren dadurch in Stillstand gerät, dass die Parteien es nicht betreiben. V hatte am 13.11. mitgeteilt, dass das Verfahren vorerst nicht gefördert werden solle, weil die Parteien den Rechtsstreit gütlich beilegen wollen. Erst am 12.8. des folgenden Jahres hat er dann um Fortsetzung des Verfahrens gebeten. Da zwischen beiden Erklärungen fast neun Monate liegen, endete die Hemmung der Verjährung sechs Monate nach der letzten Prozesshandlung des M, nämlich am 12.5. Zwar beginnt die Hemmung nach § 204 Abs. 3 S. 3 BGB mit der Fortführung des Verfahrens erneut. Zu diesem Zeitpunkt war der Anspruch des V aber bereits verjährt.

---

[178] Vgl. hierzu Zöller/*Greger*, § 167 Rn. 10 ff.

(b) Eine Hemmung konnte auch nicht nach § 203 BGB eintreten, denn V und M haben nicht über den Anspruch verhandelt. V trägt selbst vor, dass M zu keinem Gespräch bereit gewesen sei.[179] **263**

Aus §§ 280 Abs. 1, 546 Abs. 1 BGB kann V deshalb keinen Schadensersatz mehr fordern.

b) aa) In Betracht kommt ein Anspruch aus § 823 Abs. 1 BGB. M hat das Eigentum des V an der Wohnung widerrechtlich und schuldhaft verletzt und dadurch einen Schaden verursacht. **264**

bb) Fraglich ist aber, ob hierauf nicht dieselbe Verjährungsfrist anzuwenden ist. Grundsätzlich sind Ansprüche wegen unerlaubter Handlung unabhängig von einer abweichenden oder anders lautenden vertraglichen oder gesetzlichen Haftungsnorm zu beurteilen. Dies gilt jedoch nicht, wenn dadurch eine vertragliche Verjährungsregelung ihre Bedeutung verlöre. Dies wäre nach ständiger Rechtsprechung des BGH aber bei § 548 Abs. 1 BGB der Fall, da es sich bei Veränderungen oder Verschlechterungen der Mietsache regelmäßig um eine Eigentumsverletzung handelt.[180] Deshalb ist § 548 Abs. 1 BGB auch auf den Anspruch des V aus § 823 Abs. 1 BGB anzuwenden.

Das Gericht wird die Klage des V abweisen müssen.

Ich danke Ihnen sehr für Ihre Aufmerksamkeit!

C. Literatur zur Vertiefung

Kleinbauer, Rechtshängigkeit im Zivilprozess, JA 2007, 416 f.; *Pohlmann*, Verjährung, Jura 2005, 1 ff.; *Reischl*, Grundfälle zum neuen Schuldrecht, JuS 2003, 250 ff.; *Mansel/Budzikiewicz*, Einführung in das neue Verjährungsrecht, Jura 2003, 1 ff.; *Ebenroth/Zeppernick*, Nutzungs- und Schadensersatzansprüche im Eigentümer-Besitzer-Verhältnis, JuS 1999, 209 ff.; *Roth*, Grundfälle zum Eigentümer-Besitzer-Verhältnis, JuS 1997, 897 ff.; *Schreiber*, Das Eigentümer-Besitzer-Verhältnis, Jura 1992, 533 ff.

---

[179] Vgl. Palandt/*Ellenberger*, § 203 Rn. 2.
[180] *BGH* NJW 2006, 2399 f. m.w.N.

Aufgabe 14: Das Sparbuch

A. Aufgabenstellung

265 O begibt sich zur B-Bank und vereinbart dort, dass sein Sparbuch nach seinem Tod auf seine Nichte N umgeschrieben werden soll. Er informiert hierüber aber ansonsten niemanden und versteckt das Sparbuch auch weiterhin zwischen seinen Anzügen.

Nach dem Tod des O meldet sich B bei N und teilt mit, dass das Sparbuch wegen des Todesfalls auf sie umgeschrieben werde. N begibt sich zu B und unterzeichnet die erforderlichen Unterlagen.

Bei der Auflösung des Hausrats findet Alleinerbe E das Sparbuch und nimmt es an sich.

Kann N von E Herausgabe des Sparbuchs verlangen?

B. Lösungshinweise

I. Vortragsgliederung

1. Sachverhalt

2. Herausgabeanspruch der N gegen E aus § 985 BGB
   a) Eigentum der N
   b) Besitz des E; kein Recht zum Besitz
   c) Durchsetzbarkeit, § 242 BGB: Anspruch E gegen N, § 812 Abs. 1 S. 1 Alt. 1 BGB
      aa) Leistung
      bb) Rechtsgrund: Schenkung
         (1) Schenkungsvertrag
         (2) (Form-) Wirksamkeit
            (a) Formmangel
            (b) Heilung: § 518 BGB oder § 2301 BGB?

3. Ergebnis

II. Vortragsvorschlag

Sehr geehrte Damen und Herren, **266**

ich werde im Folgenden die Lösung eines Rechtsfalls erörtern, dem folgender Sachverhalt zugrunde liegt:

1. O vereinbart mit der B-Bank, dass sein Sparbuch nach seinem Tod auf N umgeschrieben wird. Er informiert hierüber sonst niemanden. Nach dem Tod des O teilt B der N die beabsichtigte Umschreibung mit; N unterzeichnet die erforderlichen Unterlagen. Das Sparbuch hat jedoch der Alleinerbe E an sich genommen.

2. Ich werde nun prüfen, ob N von E die Herausgabe des Sparbuchs **267**
verlangen kann.

Anspruchsgrundlage für einen Herausgabeanspruch kann § 985 BGB sein. Dafür muss N Eigentümerin des Sparbuchs und E dessen unberechtigter Besitzer sein.

a) Da N ursprünglich nicht Eigentümerin des Sparbuchs war, ist zu prüfen, ob sie das Eigentum wirksam erlangt hat. Hierzu ist vorab zu klären, nach welcher Vorschrift sich der Eigentumsübergang richtet. In Betracht kommen § 929 S. 1 BGB und § 952 BGB. Maßgeblich für die

Abgrenzung ist die Frage, ob es sich bei dem Sparbuch um einen Schuldschein im Sinne von § 952 Abs. 1 S. 1 BGB handelt. Ein Schuldschein ist jede vom Schuldner über seine Verpflichtung ausgestellte Urkunde. Hierunter fällt auch das Sparbuch, bei dem es sich um ein Namenspapier mit Inhaberklausel gemäß § 808 BGB handelt.[181] Deshalb ist § 952 Abs. 1 S. 1 BGB anzuwenden. Danach steht das Eigentum am Sparbuch dem Gläubiger der verbrieften Forderung gegen die Bank zu. Das Recht am Papier folgt also dem Recht aus dem Papier.

268 N ist deshalb Eigentümerin des Sparbuchs, wenn sie Inhaberin der Forderung gegen B geworden ist. Eine Forderung geht gemäß § 398 BGB durch Abtretung über. Zwischen dem bisherigen Gläubiger O und der N ist unmittelbar kein Abtretungsvertrag geschlossen worden.

Allerdings hat O mit B vereinbart, dass das Sparbuch nach seinem Tod auf N umgeschrieben werden soll. N sollte also mit dem Tod des O unmittelbar ein Recht am Sparbuch erwerben. Dies stellt einen echten Vertrag zugunsten Dritter nach §§ 328, 331 BGB dar. Mit dem Tod des O ist N also Inhaberin der Forderung gegen B und damit nach § 952 Abs. 1 BGB auch Eigentümerin des Sparbuchs geworden.

269 b) E ist Besitzer des Sparbuchs. Ein Recht zum Besitz aus § 986 BGB hat E nicht. Da das Sparbuch mit dem Tod des O unmittelbar auf N übergegangen ist, wurde es nicht Teil der Erbmasse, so dass es von der Universalsukzession an E gemäß § 1922 Abs. 1 BGB nicht erfasst war.

c) Problematisch erscheint jedoch die Durchsetzbarkeit dieses Anspruchs. Die Geltendmachung des Anspruchs könnte nämlich rechtsmissbräuchlich sein und damit gegen Treu und Glauben im Sinne von § 242 BGB verstoßen. Rechtsmissbräuchlich handelt auch derjenige, der eine Sache herausverlangt, die er sofort zurückgewähren muss, weil der Schuldner einen Gegenanspruch auf Herausgabe der Sache hat.[182] Der Schuldner kann dann dem Herausgabeanspruch des Gläubigers die sog. dolo-agit-Einrede entgegenhalten.

E kann diese Einrede also dann erheben, wenn er einen eigenen Anspruch auf Herausgabe des Sparbuchs gegen N hat.

270 Ein solcher Anspruch kann sich aus § 812 Abs. 1 S. 1 Alt. BGB ergeben, wenn N das Eigentum am Sparbuch durch eine rechtsgrundlose Leistung erlangt hat.

---

[181] Palandt/*Sprau*, § 808 Rn. 6 f.
[182] MünchKomm/*Roth*, § 242 Rn. 373.

aa) Leistung ist jede zweckgerichtete Vermögensverfügung. Kommen mehrere Personen als Leistende in Betracht, ist auf den Empfängerhorizont abzustellen. Aus der Sicht der N ist der Erhalt des Sparbuchs zwar von B vermittelt, tatsächlich aber eine Leistung ihres Onkels O. Dessen Kondiktionsanspruch wäre durch Erbschaft gemäß § 1922 Abs. 1 BGB auf E übergegangen.

bb) Als Rechtsgrund der Leistung kommt nur ein Schenkungsvertrag in Betracht. Hierfür müssen sich O und N wirksam darüber geeinigt haben, dass das Sparbuch unentgeltlich von O auf N übertragen werden soll. **271**

(1) O muss die Schenkung angeboten haben. Dies hat er nicht unmittelbar gegenüber N getan, sondern der B erklärt, das Sparbuch solle auf N umgeschrieben werden. Gemäß § 130 Abs. 1 S. 1 BGB muss diese Willenserklärung der N zugegangen sein. Hier kommt eine Übermittlung der Erklärung des N durch B als Botin in Betracht. B hat keine eigene Willenserklärung abgegeben, sondern die Erklärung des O nach dessen Tod an N weitergeleitet. Damit ist die Erklärung der N zugegangen. Dass O zu diesem Zeitpunkt bereits tot war, ist gemäß § 130 Abs. 2 BGB unerheblich.

N muss dieses Angebot angenommen haben. Dies war gemäß § 153 BGB auch nach dem Tod des O möglich. Ein anders lautender Wille des O ist nicht anzunehmen, denn O kam es ja gerade darauf an, dass N nach seinem Tod das Sparbuch erhält. Laut Sachverhalt hat N die erforderlichen Unterlagen unterzeichnet. Hierin liegt eine Annahmeerklärung. Die Erklärung erfolgte jedoch gegenüber B. Sie ist dem Erben des O nicht zugegangen. Allerdings kann gemäß § 151 S. 1 BGB der Zugang entbehrlich sein, wenn der Antragende auf den Zugang verzichtet hat. Auch hiervon ist auszugehen, denn O wollte, dass das Sparbuch wirksam auf N übergeht.

Ein Schenkungsvertrag ist damit geschlossen worden.

(2) (a) Gemäß § 125 S. 1 BGB ist der Vertrag aber unwirksam, wenn er nicht in der erforderlichen Form geschlossen wurde. Auf die Schenkung könnte sowohl § 518 Abs. 1 BGB als auch § 2301 Abs. 1 BGB anwendbar sein, letzterer deshalb, weil die Schenkung erst nach dem Tod des O gelten sollte. § 518 Abs. 1 BGB verlangt notarielle Beurkundung, § 2301 Abs. 1 BGB erklärt die Vorschriften über die Verfügungen von Todes wegen für anwendbar, die zumindest Schriftform anordnen. Der Schenkungsvertrag zwischen O und N ist jedoch formlos zustande gekommen. Es kann deshalb an dieser Stelle noch offen bleiben, welcher Vorschrift der Vorrang zu geben ist. **272**

273 (b) Der Formmangel muss jedoch nicht zur endgültigen Unwirksamkeit des Schenkungsvertrages führen. Sowohl § 518 Abs. 2 BGB als auch § 2301 Abs. 2 BGB sehen die Möglichkeit der Heilung eines Formmangels vor.

Allerdings ordnet § 2301 Abs. 2 BGB hierfür an, dass die Schenkung vom Schenker vollzogen worden ist, also noch zu dessen Lebzeiten. Dagegen ist nach § 518 Abs. 2 BGB auch ein Vollzug nach dem Tod des Schenkers möglich.[183] Ein solcher Vollzug liegt in jedem Fall vor, denn N hat – wie gezeigt – mit dem Tod des O die Forderung gegen B und damit das Eigentum am Sparbuch nach §§ 328, 331 BGB erworben.

274 Es könnte wiederum offen bleiben, welcher Vorschrift hier der Vorrang einzuräumen ist, wenn ein Vollzug zu Lebzeiten gemäß § 2301 Abs. 2 BGB vorliegt.[184]

Die Schenkung ist in jedem Fall zu Lebzeiten vollzogen, wenn der versprochene Gegenstand in das Vermögen des Beschenkten übergegangen ist. Das ist vorliegend offensichtlich nicht erfolgt. Es genügt jedoch auch, dass der Beschenkte ein Anwartschaftsrecht erworben hat, also eine Rechtsposition, die vom Schenker nicht mehr einseitig entzogen werden kann. Das setzt voraus, dass O den Erwerb durch N vor seinem Tod nicht mehr hätte verhindern können. Hiergegen spricht zum einen, dass O bis zu seinem Tod jederzeit über das Guthaben auf dem Sparbuch verfügen konnte. Zum anderen ist N zwar mit dem Tod des O Eigentümerin des Sparbuchs geworden. Dass sie es auch behalten darf, hängt aber vom Rechtsgrund der Eigentumsübertragung, also der Schenkung ab. Und hierzu habe ich vorhin dargestellt, dass das Schenkungsangebot des O erst nach dessen Tod der N zugegangen ist. O hätte deshalb gemäß § 130 Abs. 1 S. 2 BGB bis zu seinem Tod jederzeit widerrufen können. Schließlich spricht gegen einen Vollzug zu Lebzeiten des O, dass der Vermögensverlust letztlich nicht den O, sondern dessen Erben E getroffen hat.

Ein Vollzug zu Lebzeiten liegt deshalb nicht vor. Wäre also § 2301 BGB anzuwenden, ist die Schenkung formunwirksam.

275 Es wird deutlich, dass die Wirksamkeit des Schenkungsvertrages davon abhängt, ob § 518 BGB oder § 2301 BGB anzuwenden ist.

Grundsätzlich hat § 2301 BGB als spezielle Vorschrift für Schenkungen auf den Todesfall Vorrang vor § 518 BGB. Fraglich ist aber, ob das auch in der vorliegenden Konstellation gelten kann, in der N das Recht am Sparbuch gemäß § 331 BGB erworben hat.[185]

---

[183] Palandt/*Weidenkaff*, § 518 Rn. 9 f.
[184] Vgl. hierzu *Schreiber*, Jura 1995, 159 (161).
[185] Hierzu *Schreiber*, Jura 1995, 159 (161).

Gegen eine Anwendung von § 518 BGB spricht, dass andernfalls die Formvorschriften des Erbrechts ausgehöhlt würden und dadurch nicht nur Beweisschwierigkeiten entstünden, sondern auch die Rangfolge der §§ 39, 325 ff. InsO durcheinander geriete.[186]

Dennoch räumt der BGH § 518 BGB den Vorrang ein.[187] § 331 **276** BGB zeige, dass der Erblasser auch außerhalb des Erbrechts rechtliche Gestaltungsmöglichkeiten habe, um über sein Vermögen für den Fall seines Todes zu verfügen. § 331 BGB könne nicht entnommen werden, dass die strengeren Vorschriften des Erbrechts Anwendungen finden sollen, wenn die Zuwendung an den Dritten unentgeltlich erfolgt. § 331 BGB sei vielmehr lex specialis für den Fall, dass die Zuwendung durch echten Vertrag zugunsten Dritter erfolgt.

Ich folge dem BGH. Nur so kann der Wille des Erblassers hinrei- **277** chend Beachtung finden. Der Erblasser möchte gerade nicht, dass die Schenkung zu Lebzeiten erfolgen soll. Würde man ihm die Heilungsmöglichkeit des § 518 Abs. 2 BGB nehmen, wäre die Durchführung seines letzten Willens vielfach gefährdet.

Vorliegend ist mit dem Tod des O die Schenkung vollzogen und damit der ihr anhaftende Formmangel geheilt worden. Die Schenkung ist deshalb wirksam und stellt einen Rechtsgrund für die Eigentumsverschiebung auf N dar. E hat folglich keinen Kondiktionsanspruch, den er mit der dolo-agit-Einrede gegen den Herausgabeanspruch der N aus § 985 BGB einreden kann.

3. N kann deshalb von E die Herausgabe des Sparbuchs nach § 985 **278** BGB verlangen.

Ich danke Ihnen sehr für Ihre Aufmerksamkeit!

C. Literatur zur Vertiefung

Imgrund/Reese, Grundfälle zur gewillkürten Erbfolge, Jura 2006, 565 ff.; *Petersen*, Die Auslegung von letztwilligen Verfügungen, Jura 2005, 597 ff.; *Muscheler*, Die erbrechtliche Universalsukzession, Jura 1999, 234 ff., 289 ff.; *Böhnert*, Schenkungen auf den Todesfall, JuS 1995, 921 ff.; *Schreiber*, Unentgeltliche Zuwendungen auf den Todesfall, Jura 1995, 159 ff.; *Martinek/Röhrborn*, Der legendäre Bonifatius-Fall – Nachlese zu einer reichsgerichtlichen Fehlentscheidung, JuS 1994, 473 ff., 564 ff.; *Brun*, Die „postmortale Willenserklärung", Jura 1994, 291 ff.; *Otte*, Der Bonifatiusfall, Jura 1993, 643 ff.

---

[186] *Medicus/Petersen*, Rn. 396. Weitere Argumente bei *Schreiber*, Jura 1995, 159 (162).

[187] Zuletzt NJW 2004, 767 ff. m.w.N.

Kurzübersicht: Aufbau und Zeiteinteilung

Die nachfolgende Übersicht stellt den grundlegenden Aufbau eines Kurzvortrags noch einmal grafisch dar und enthält Angaben zum zeitlichen Ausmaß der einzelnen Abschnitte bei einem zehnminütigen Vortrag. Anders als beim Aktenvortrag im Zweiten Examen[188] bestehen angesichts der Vielzahl möglicher Vortragsgestaltungen im Ersten Examen keine klar strukturierten, stets abzuarbeitenden Prüfungspunkte; die hier wiedergegebene Darstellung liefert daher ersichtlich nur ein grobes Raster und muss insbesondere im Hauptteil an die jeweilige Themenstellung angepasst werden.

Begrüßungsformel → Rn. 73	---
Einleitung → Rn. 74	½ Minute
Ggf. Darstellung des Sachverhalts → Rn. 74	2 Minuten
Hauptteil: *Entweder* Falllösung → Rn. 26 ff. *oder* Themenerörterung → Rn. 42 ff.	7 Minuten
Abschluss, Zusammenfassung → Rn. 78	½ Minute
Dank für die Aufmerksamkeit → Rn. 78	---

[188] S. die entsprechende Übersicht bei *Jäckel*, Der zivilrechtliche Aktenvortrag im Assessorexamen, S. 83.

Anhang

A. Auszüge aus den Prüfungsvorschriften

I. Berlin

Aus der Ausbildungs- und Prüfungsordnung für Juristinnen und Juristen im Land Berlin (Berliner Juristenausbildungsordnung – JAO) vom 4. August 2003 – erlassen auf Basis von § 24 des Berliner Juristenausbildungsgesetzes (Gesetz über die Ausbildung von Juristinnen und Juristen im Land Berlin vom 23. Juni 2003, GVBl. S. 232, geändert durch Gesetz vom 09. Juni 2004, GVBl. S. 237):

§ 9 Abs. 2: „Die mündliche Prüfung besteht aus einem zehnminütigen Vortrag mit einem anschließenden längstens fünfminütigem Vertiefungsgespräch sowie einem Prüfungsgespräch in drei Abschnitten. [...] Mit dem Vortrag soll der Prüfling neben Rechtskenntnissen seine Fähigkeit zur mündlichen Darstellung und Diskussion rechtlicher Fragen zeigen. Das Rechtsgebiet des Vortrages wählt der Prüfling; die Aufgabe für den Vortrag bestimmt das Gemeinsame Juristische Prüfungsamt. Trifft der Prüfling seine Wahl nicht rechtzeitig [...], bestimmt das Gemeinsame Juristische Prüfungsamt auch das Rechtsgebiet. Die Vorbereitungszeit beträgt eine Stunde.“

§ 10 Abs. 2: „[...] Die Aufsichtsarbeiten sind mit einem Anteil von 63 vom Hundert, der Vortrag mit 13 vom Hundert und die drei Abschnitte des Prüfungsgespräches mit je 8 vom Hundert zu berücksichtigen. [...]“

II. Brandenburg

Aus der Ausbildungs- und Prüfungsordnung für Juristen im Land Brandenburg (Brandenburgische Juristenausbildungsordnung – BbgJAO) vom 6. August 2003 (GVBl. II/03 S. 438), geändert durch Artikel 3 des Gesetzes vom 29. Juni 2004 (GVBl. I/04 S. 278, 279):

§ 9 Abs. 2: „Die mündliche Prüfung besteht aus einem zehnminütigen Vortrag mit einem anschließenden, längstens fünfminütigem Vertiefungsgespräch sowie einem Prüfungsgespräch in drei Abschnitten. [...] Mit dem Vortrag soll der Prüfling neben Rechtskenntnissen seine Fähigkeit zur mündlichen Darstellung und Diskussion rechtlicher Fragen zeigen. Das Rechtsgebiet des Vortrages wählt der Prüfling; die Aufgabe für den Vortrag bestimmt das Gemeinsame Juristische Prüfungsamt. Trifft der Prüfling seine Wahl nicht rechtzeitig [...], bestimmt das Gemeinsame Juristische Prüfungsamt auch das Rechtsgebiet. Die Vorbereitungszeit beträgt eine Stunde."

§ 10 Abs. 2: „[...] Die Aufsichtsarbeiten sind mit einem Anteil von 63 vom Hundert, der Vortrag mit 13 vom Hundert und die drei Abschnitte des Prüfungsgespräches mit je acht vom Hundert zu berücksichtigen. [...]"

III. Hamburg

Aus dem Hamburgisches Juristenausbildungsgesetz (HmbJAG) vom 11. Juni 2003 (HmbGVBl. 2003, S. 156):

„§ 20 Inhalt und Gang der mündlichen Prüfung

(1) Die mündliche Prüfung ist in erster Linie eine Verständnisprüfung. Sie bezieht sich auf die Prüfungsgegenstände nach § 12. Die mündliche Prüfung besteht aus einem Vortrag und einem Prüfungsgespräch. Den Prüflingen werden die erforderlichen Gesetzestexte zur Verfügung gestellt.

(2) Durch den Vortrag, mit dem die mündliche Prüfung beginnt, werden insbesondere die Schlüsselqualifikationen geprüft. Die Aufgabenstellung für den Vortrag ist dem Prüfling am Prüfungstag zu übergeben. Die Vorbereitungszeit beträgt eine Stunde; Prüflingen mit Behinderungen kann die Zeit auf Antrag verlängert werden. Die Dauer des Vortrages darf 10 Minuten nicht überschreiten; anschließende Rückfragen sind möglich. Das Nähere regelt das Prüfungsamt."

IV. Niedersachsen

1. Aus dem Niedersächsischen Gesetz zur Ausbildung der Juristinnen und Juristen (NJAG) in der Fassung vom 15. Januar 2004 (Nds. GVBl. S. 7):

§ 3 Abs. 1: „Die Pflichtfachprüfung besteht aus sechs Aufsichtsarbeiten und einer abschließenden mündlichen Prüfung. Die mündliche Prüfung besteht aus einem Vortrag und drei Prüfungsgesprächen."

§ 12 Abs. 2: „In die Prüfungsgesamtnote der Pflichtfachprüfung gehen die Bewertungen der Aufsichtsarbeiten, des Vortrages und der Prüfungsgespräche mit je 10 vom Hundert ein."

2. Aus der Verordnung zum Niedersächsischen Gesetz zur Ausbildung der Juristinnen und Juristen vom 2. November 1993 (Nds. GVBl. S. 561), zuletzt geändert durch Verordnung vom 18. Mai 2007 (Nds. GVBl. S. 198):

§ 23 Abs. 1: „Die mündliche Prüfung beginnt mit dem Vortrag, an den sich ein kurzes Vertiefungsgespräch anschließt. Das Landesjustizprüfungsamt bestimmt, welchem Pflichtfach die Aufgabe für den Vortrag entnommen wird. Die Aufgabe wird dem Prüfling eine Stunde vor der mündlichen Prüfung übergeben. [...]"

Gemäß dem am 1. Oktober 2009 in Kraft getretenen Gesetz zur Änderung des Niedersächsischen Gesetzes zur Ausbildung der Juristinnen und Juristen (NJAG) und des Gesetzes über Kosten im Bereich der Justizverwaltung vom 27. August 2009 (Nds.GVBl. S. 348) ist der Vortrag nicht länger Bestandteil der mündlichen Pflichtfachprüfung; statt dessen setzt die Zulassung zur Pflichtfachprüfung künftig die erfolgreiche Teilnahme an einer Lehrveranstaltung zur Vermittlung von Schlüsselqualifikationen (§ 5a Abs. 3 S. 1 DRiG) voraus. Allerdings besteht für Kandidaten, die sich bis zum 30. Juni 2010 für die Prüfung angemeldet haben, die Möglichkeit, eine Prüfung nach altem Recht zu wählen.[189]

V. Nordrhein-Westfalen

Aus dem Gesetz über die juristische Prüfung und den juristischen Vorbereitungsdienst (Juristenausbildungsgesetz Nordrhein-Westfalen – JAG NRW) vom 11. März 2003 (GV.NRW 2003, S. 135):

§ 10 Abs. 3: „Der mündliche Teil besteht aus einem Vortrag und einem Prüfungsgespräch. Der Vortrag geht dem Prüfungsgespräch voraus. Die Aufgabenstellung für den Vortrag ist dem Bürgerlichen Recht [...], dem Strafrecht [...] oder dem Öffentlichen Recht [...], jeweils unter Einschluss der dazugehörigen Verfahrensrechte, zu entnehmen. [...]"

§ 15 Abs. 4: „Die Aufgabenstellung für den Vortrag ist dem Prüfling am Prüfungstag zu übergeben. Die Vorbereitungszeit beträgt eine Stunde; köperbehinderten Studenten kann die Zeit auf Antrag um bis zu 30 Minuten verlängert werden. Die Dauer des Vortrages darf 12 Minuten nicht überschreiten."

§ 18 Abs. 3: „[...] Es sind die Aufsichtsarbeiten mit einem Anteil von insgesamt 60 v. H., der Vortrag mit 10 v. H. und die Leistungen im Prüfungsgespräch mit einem Anteil von insgesamt 30 v. H. zu berücksichtigen. [...]"

VI. Sachsen

Aus der Ausbildungs- und Prüfungsordnung für Juristen des Freistaates Sachsen (SächsJAPO) i.d.F. der Bekanntmachung vom 7. April 2006 (SächsGVBl. 2006, S. 105):

„§ 26 Mündliche Prüfung:

---

[189] S. zu den Einzelheiten das vom niedersächsischen Landesjustizprüfungsamt herausgegebene Merkblatt zur Übergangsregelung: http://www.mj.niedersachsen.de/live/live.php?navigation_id=3760&article_id=10656&_psmand=13 (Stand: September 2009).

(1) Die mündliche Prüfung erstreckt sich auf die Prüfungsgebiete gemäß § 14 Abs. 1 und 3 und besteht aus einer Prüfungsleistung im Bereich der Schlüsselqualifikationen, der eine rechtliche Fragestellung zu Grunde liegt, und einem Prüfungsgespräch. Sie ist vorwiegend Verständnisprüfung.

(2) Die Vorbereitungszeit für die Prüfungsleistung im Bereich der Schlüsselqualifikationen beträgt eine Stunde vor Beginn der mündlichen Prüfung. Die Prüfungsleistung sollte 15 Minuten nicht überschreiten.

[…]"

VII. Sachsen-Anhalt

Aus der Ausbildungs- und Prüfungsverordnung für Juristen (JAPrVO) vom 2. Oktober 2003 (GVBl. LSA 2003, S. 245):

„§ 21 Mündliche Prüfung:

(1) Die mündliche Prüfung erstreckt sich auf alle Prüfungsfächer nach § 13. Sie besteht aus einem Vortrag und drei Prüfungsgesprächen.

[…]

(3) Die Prüfung beginnt mit einem Vortrag, dem eine rechtspolitische oder rechtswissenschaftliche Fragestellung zugrunde liegen soll. Die Aufgabe ist dem Pflichtprüfungsstoff des § 14 zu entnehmen. Sie wird dem Prüfling 30 Minuten vor Beginn seiner mündlichen Prüfung übergeben. Die Vorbereitung erfolgt unter Aufsicht. Der Vortrag soll nicht länger als fünf Minuten dauern. Im Anschluss hieran findet ein bis zu fünfminütiges Einzelgespräch statt, in dem der Prüfling Gelegenheit hat, seine Auffassung auf Nachfragen des Prüfungsausschusses zu erläutern."

B. Merkblätter und Weisungen der Prüfungsämter

I. Berlin/Brandenburg

Gemeinsames Juristisches Prüfungsamt der Länder Berlin und Brandenburg, Hinweise zum Aktenvortrag:[190]

„Vortrag im ersten Staatsexamen (§ 9 Abs. 2 JAO 2003)

Nach den Bestimmungen der JAO 2003 wird bei der Prüfung auch im ersten Examen die mündliche Prüfung durch einen Vortrag mit einem anschließendem Vertiefungsgespräch eingeleitet. Die Vorbereitungszeit auf den Vortrag beträgt 1 Stunde; die Vortragszeit beträgt 10 Minuten. Es folgt ein Vertiefungsgespräch von längstens 5 Minuten Dauer. Mit dem Vortrag soll dem Prüfling die Möglichkeit gegeben werden, auch seine rhetorischen Fähigkeiten unter Beweis zustellen.

a) Der zeitliche Ablauf

Die Kandidaten erhalten den Aufgabentext am Morgen des Prüfungstages gestaffelt (in der Regel nach dem Alphabet) in einem Abstand von etwa 20 Minuten. Nach der einstündigen Vorbereitungszeit betreten sie der Reihe nach den Prüfungssaal und halten ihren Vortrag vor der Kommission. Für das Zeitmanagement während des zehnminütigen Vortrags ist der Kandidat verantwortlich. Direkt an den Vortrag schließt sich das Vertiefungsgespräch an, das der Fachprüfer führt.

Das Rechtsgebiet des Vortrags wählt der Kandidat, den Vortrag bestimmt das Prüfungsamt. Trifft der Prüfling seine Wahl nicht rechtzeitig (§ 4 Abs. 2 JAO), bestimmt das Prüfungsamt auch das Rechtsgebiet (§ 9 Abs. 2 JAO).

b) Die Gestaltung des Vortrags

Es sind unterschiedliche Einkleidungen für die Vortragsaufgabe denkbar. Die nachstehende Darstellung enthält Beispiele mit typischen Lösungsansätzen. Die Einzelheiten für die konkret zu bearbeitende Aufgabe im Examen werden sich jeweils aus dem der Aufgabe beigefügten Bearbeitungshinweis ergeben.

1. Der einfache Klausurfall

Dies ist die klassische Aufgabenstellung. Der Kandidat erhält einen kurzen Sachverhalt und hat die rechtliche Lösung darzustellen. Denkbar ist hier auch eine anwaltliche Beratungsaufgabe, bei der eine bestimmte Problemlösung erstrebt und der Mandant beraten werden soll, wie er das gewünschte Ergebnis erreichen kann.

---

[190] http://www.berlin.de/imperia/md/content/senatsverwaltungen/justiz/gjpa/vortrag_im_ersten_staatsexamen.pdf.

2. Der einfache Klausurfall mit thematischer Zusatzfrage

Dies sind Aufgaben, bei denen die Begutachtung eines bestimmten Sachverhaltes, etwa die Beschädigung einer Sache des Arbeitgebers durch den Arbeitnehmer oder die Androhung der Folter durch einen Polizeibeamten mit der Aufforderung verknüpft wird, die Rechtsentwicklung zu erläutern und die unterschiedlichen zu diesem Rechtsproblem vertretenen Lösungsansätze darzustellen.

3. Der thematische Vortrag

Der thematische Vortrag löst sich vom Fall. In seinem Mittelpunkt steht die Anforderung, ein bezeichnetes Rechtsproblem in seinen Bezügen darzustellen. Ausgangspunkt kann auch ein Zeitungsartikel, eine Pressemitteilung o.ä. mit der Bitte sein, die wesentlichen angesprochenen Rechtsprobleme zu skizzieren und die Rechtsentwicklung und die unterschiedlichen zu dem Problem vertretenen Rechtsmeinungen zu erläutern und hierzu wertend Stellung zu nehmen."

II. Hamburg

Aus den „Informationen zur Staatlichen Pflichtfachprüfung" des Justizprüfungsamtes bei dem Hanseatischen Oberlandesgericht:[191]

„Die mündliche Prüfung beginnt mit dem Kurzvortrag (§ 20 Abs. 2 JAG). Die Aufgabenstellung wird den Kandidaten – zeitversetzt – jeweils eine Stunde vor dem Beginn des Vortrags übergeben. Ein Wahlrecht der Kandidaten hinsichtlich des Pflichtfaches, dem die Aufgabenstellung entnommen wird, besteht nicht. Die Aufgabe kann in der Bearbeitung eines juristischen Themas oder der Lösung eines einfach gelagerten Falles bestehen; auch insoweit besteht kein Wahlrecht der Kandidaten. Für die Vorbereitung des Vortrages sind von den Kandidaten jeweils die o.g. Gesetzessammlungen mitzubringen. Für den Vortrag und etwaige Rückfragen der Prüfungskommission stehen je Kandidat insgesamt fünfzehn Minuten zur Verfügung. Die Dauer des Vortrages des Kandidaten darf zehn Minuten nicht überschreiten."

III. Niedersachsen

Merkblatt zum mündlichen Teil der Pflichtfachprüfung des Landesjustizprüfungsamtes Niedersachsen:[192]

„I. Zur normativen Lage

---

[191] http://justiz.hamburg.de/contentblob/1289570/data/erste-juristische-pruefung-infoblatt-hmbjag.doc (Stand: Februar 2009).

[192] http://www.mj.niedersachsen.de/live/live.php?navigation_id=3760& article _id=10656&_psmand=13 (Stand: Februar 2010).

1. Die mündliche Prüfung besteht aus einem Vortrag und drei Prüfungsgesprächen (§ 3 Abs. 1 S. 2 NJAG). Sie beginnt mit einem auf 10 Minuten begrenzten Vortrag, an den sich ein kurzes Vertiefungsgespräch anschließt. Das LJPA bestimmt, welchem Pflichtfach die Aufgabe für den Vortrag entnommen wird. Die Aufgabe wird dem Prüfling eine Stunde vor der mündlichen Prüfung übergeben. Alle Prüflinge erhalten denselben Vortrag.

Die nach den Vorträgen durchzuführenden Prüfungsgespräche gliedern sich entsprechend der Pflichtfächer und dauern bei 5 Prüflingen jeweils etwa 60 Minuten. Die Prüfung ist durch angemessene Pausen zu unterbrechen (§ 23 Abs. 1 NJAVO).

2. Der Prüfungsstoff der Pflichtfächer ergibt sich aus § 16 NJAO. Der Aspekt der Verständnisprüfung (§ 2 Abs. 1 S. 3 NJAG, § 16 Abs. 4 NJAVO) dürfte in der mündlichen Prüfung eine besondere Rolle spielen.

3. Jede Leistung der mündlichen Prüfung – der Vortrag und die drei Prüfungsgespräche – wird mit 10 % gewertet (§ 12 Abs. 2 NJAG).

4. Zu dem neu eingeführten Vortragselement heißt es in der Gesetzesbegründung u. a., dass der Prüfling den Vortrag mit Hilfe ihm überlassener Materialien, die etwa (in Ausschnitten) aus Aufsätzen, Entscheidungen und/oder Kommentaren bestehen können, in einer Stunde vorzubereiten hat. Der Prüfling muss bei der Vorbereitung des Vortrags in begrenzter Zeit Informationen aufnehmen, bewerten, gewichten, sich selbst eine juristisch fundierte Meinung bilden und kann mit dem Vortrag Überzeugungskraft beweisen.

Danach sind vielfältige Aufgabenmodelle denkbar, z.B. ein konkreter Fall oder eine allgemeine Fragestellung ohne konkreten Fallbezug. Wegen der Vielfalt der Modelle wird von strengen Vorgaben wie einem bestimmten Aufbau des Vortrags abgesehen. Dem Prüfling steht ein weiter Bearbeitungsspielraum zu. Bei einer kontrovers behandelten rechtlichen Problematik soll der Prüfling nach einer argumentativen Auseinandersetzung zu einem sinnvollen Ergebnis gelangen, wobei auf eine methodisch reflektierte Begründung Wert zu legen ist.

5. Hinsichtlich der Hilfsmittel wird auf das Merkblatt zu den Hilfsmitteln für die mündliche Prüfung verwiesen, das mit der Ladung zugeht und als Down Load zur Verfügung steht.

II. Zum Prüfungsablauf

1. Der voraussichtliche Beginn der mündlichen Prüfungen des jeweiligen Durchgangs ergibt sich aus dem Terminplan, der als Download zur Verfügung steht. Eine Ladungsfrist gibt es nicht. Die Ladung geht im Regelfall spätestens etwa 2 Wochen vor dem Prüfungstag dem Prüfling zu. Aus der Ladung ergeben sich der Prüfungstermin, der Prüfungsort, der Prüfungsausschuss, das Pflichtfach, dem das Vortragsthema entnommen wird sowie der Termin und der Ort des Vorstellungsge-

sprächs. Wegen der Vorbereitung des Vortrags am Prüfungstag wird dieses Gespräch im Normalfall zu einem besonderen Zeitpunkt vorher stattfinden.

2. Der erste Vortrag soll ab 9.30 Uhr gehalten werden. Deshalb muss der erste Prüfling um 8.30 Uhr mit der einstündigen Vorbereitung beginnen. Diese findet in einem besonderen Raum statt, der dem Prüfling von der Geschäftsstelle benannt wird. Der Prüfling wird gebeten, die zugelassenen Hilfsmittel bereits zur Vortragsvorbereitung mitzubringen.

Für die weiteren Vorträge ergibt sich in etwa folgender Zeitplan:

Prüfling	**Beginn der Vorbereitung:**	**Beginn des Vortrages:**	**Ende des Vortrags:**
1	8.30 Uhr	9.30 Uhr	10.00 Uhr
2	9.00 Uhr	10.00 Uhr	10.30 Uhr
3	9.45 Uhr	10.45 Uhr	11.15 Uhr
4	10.15 Uhr	11.15 Uhr	11.45 Uhr
5	10.45 Uhr	11.45 Uhr	12.15 Uhr

Der Zeitpunkt für den Beginn der Vorbereitung des einzelnen Prüflings ergibt sich aus der Ladung."

IV. Nordrhein-Westfalen

„Weisungen für den Vortrag in der staatlichen Pflichtfachprüfung[193]

I.

Durch den Vortrag sollen die Prüflinge zeigen, dass sie befähigt sind, nach kurzer Vorbereitung in freier Rede eine juristische Problemstellung zu präsentieren sowie hierzu Position zu beziehen und diese unter richtiger Schwerpunktsetzung argumentativ zu begründen. Die Aufgabenstellung für den Vortrag wird dem Bürgerlichen Recht, dem Strafrecht oder dem Öffentlichen Recht, jeweils unter Einschluss der dazugehörenden Verfahrensrechte, entnommen. Es gibt Fallvorträge und Themenvorträge. Die Aufgabenstellung wird den Prüflingen am Prüfungstag übergeben. Die Vorbereitungszeit beträgt eine Stunde.

Der Vortrag soll bei einem Fallvortrag aus einer rechtlichen Würdigung in freier Rede bestehen. Bei einem Themenvortrag soll die Problemstellung strukturiert aufgearbeitet werden. Eine Wiedergabe des Sachverhaltes bzw. der Themenstellung ist nicht erforderlich. Die Einzelheiten der Bearbeitung ergeben sich aus dem Aufgabentext, insbesondere aus einem möglichen Bearbeiterver-

[193] http://www.olg-koeln.nrw.de/002_aufgaben/justizpruefungsamt/003_erstepruefung/002_staatlichepfllichtfachpruefung/003_muendlichepruefung/002_weisung_vortrag/index.php

merk. Sowohl Vortragsform als auch Vortragsinhalt fließen in die Bewertung ein.

II.

Zur Vorbereitung des Vortrages dürfen nur die zur Verfügung gestellten Gesetzessammlungen als Hilfsmittel benutzt werden. Zugelassene Hilfsmittel sind: Schönfelder nebst Ergänzungsband, Sartorius I, v. Hippel/Rehborn. Ohne Rücksicht auf den Zeitpunkt des im Fall erfassten Geschehens sind die gesetzlichen Vorschriften in der Fassung anzuwenden, die in den jeweils zur Verfügung gestellten Gesetzessammlungen abgedruckt ist, soweit sich nicht aus dem Bearbeitervermerk etwas anderes ergibt.

III.

Beim Vortrag können die Prüflinge Stichwortzettel benutzen. Das Ablesen einer schriftlichen Ausarbeitung entspricht nicht den Anforderungen an einen freien Vortrag (siehe Ziff. I). Der Vortrag darf die Dauer von 12 Minuten nicht überschreiten; er wird nach Ablauf dieser Zeit abgebrochen. Den Prüflingen werden während und nach dem Vortrag keine Fragen zur Ergänzung oder Klarstellung ihrer Ausführungen gestellt. Der Sachverhalt ist dem/der Vorsitzenden des Prüfungsausschusses im Anschluss an den Vortrag auszuhändigen."

V. Sachsen

Hinweise zur mündlichen Prüfung und zum Vortrag zu den Schlüsselqualifikationen in der Staatlichen Pflichtfachprüfung der Ersten Juristischen Prüfung des Sächsischen Staatsministeriums der Justiz, Landesjustizprüfungsamt:[194]

„Die Prüfungsteilnehmer sollen sich etwa 15 Minuten vor Ausgabe des Vortragsstücks zu den Schlüsselqualifikationen am in der Ladung genannten Prüfungsort einfinden und sich dort beim Empfang und der Aufsicht melden.

Bei der Anreise zur Prüfung sind Verspätungen öffentlicher Verkehrsmittel und Verkehrsbehinderungen auf den Straßen, soweit mit solchen üblicherweise gerechnet werden muss, einzuplanen. Verspätungen bei der Anreise rechtfertigen grundsätzlich nicht die Verschiebung des Beginns der Vorbereitungszeit auf den Vortrag zu den Schlüsselqualifikationen und der mündlichen Prüfung.

In der mündlichen Prüfung der staatlichen Pflichtfachprüfung der Ersten Juristischen Prüfung ist gemäß § 26 Abs. 1 und 2 SächsJAPO eine Prüfungsleistung im Bereich der Schlüsselqualifikationen zu erbringen. Soweit in der Ladung kein Hinweis auf eine diesbezügliche Änderung enthalten ist, stammt der Aufgabentext im Schwerpunkt aus dem bei der Meldung zur Prüfung gewählten Rechtsgebiet. Im Einzelnen werden folgende Hinweise gegeben:

---

[194] http://www.justiz.sachsen.de/download/SQ-Hinweis-Kandidaten.pdf

Welche Schlüsselqualifikationen geprüft werden können, ergibt sich aus § 14 Abs. 1 Satz 1 SächsJAPO.

Die Vorbereitungszeit, zu deren Beginn der Aufgabentext (eine DIN-A-4-Seite) ausgehändigt wird, beträgt eine Stunde vor Beginn der mündlichen Prüfung (§ 26 Abs. 2 Satz 1 SächsJAPO).

Es sind die in der Hilfsmittelbekanntmachung bezeichneten Gesetzestexte zugelassen; Kommentare sind nicht erlaubt. Weiterhin können leere Karteikarten benutzt werden; Schreibpapier wird gestellt.

Der Aufgabentext kommt im Schwerpunkt aus den Rechtsgebieten Zivilrecht, Strafrecht oder Öffentliches Recht. Rechtsgebietsübergreifende Themen sind möglich. Soweit der Aufgabentext Themen zum Inhalt hat, die nicht zu den Pflichtfächern nach § 14 Abs. 3 SächsJAPO gehören, wird dies – insbesondere für mögliche Fragen und bei der Bewertung des rechtlichen Fachwissens – berücksichtigt (vgl. auch § 14 Abs. 5 SächsJAPO). Folgende Punkte können neben dem rechtlichen Gehalt bei der Bewertung des Vortrags von Bedeutung sein:

1. Systematischer Aufbau
   (= erkennbare und nachvollziehbare Gliederung des Aufbaus)

2. Problemerfassung/Aufgabentreue
   (= Erkennen und Darstellen der konkreten Aufgabenstellung)

3. Sprachlicher Ausdruck/Redetechnik
   (= Fähigkeit und Bereitschaft, sich mündlich gewandt und fachgerecht, für Zuhörer verständlich und überzeugend auszudrücken)

4. Überzeugungsfähigkeit/Argumentationskraft
   (= Fähigkeit und Bereitschaft, eigene Standpunkte mit überzeugenden Argumenten zu vertreten und zur Geltung zu bringen)

5. Eingehen auf Fragen
   (= Fähigkeit und Bereitschaft, auf Fragen des Prüfers einzugehen und sich damit in sachbezogener Form auseinander zu setzen).

Der Schwerpunkt der Bewertung liegt auf den Leistungen im Bereich der „eigentlichen“ Schlüsselqualifikationen, nicht im rechtlichen Fachwissen.

Die (gesamte) Prüfungsleistung sollte 15 Minuten nicht überschreiten (§ 26 Abs. 2 Satz 2 SächsJAPO). Davon soll der – möglichst in freier Rede gehaltene – Vortrag zehn Minuten nicht überschreiten. In der Regel sind fünf Minuten der Prüfung zu den Schlüsselqualifikationen für Fragen des Prüfers vorgesehen. Es ist damit zu rechnen, dass die Prüfungskommission den Vortrag nach zehn Minuten abbricht und zur Fragerunde übergeht.

Im Anschluss an den Vortrag ist das Vortragsstück der oder dem Vorsitzenden der Prüfungskommission zurückzugeben. Der Inhalt des Vortragsstücks unterliegt der Verpflichtung zur Verschwiegenheit.

Im Einzelnen gilt im Regelfall folgender Zeitplan:

	Ausgabe des Vortragsstückes	**Beginn der mündlichen Prüfung**
Vormittagstermin		
1. Prüfungsteilnehmer	8.00 Uhr	9.00 Uhr
2. Prüfungsteilnehmer	8.20 Uhr	9.20 Uhr
3. Prüfungsteilnehmer	8.40 Uhr	9.40 Uhr
4. Prüfungsteilnehmer	9.00 Uhr	10.00 Uhr

Nachmittagstermin		
1. Prüfungsteilnehmer	13.30 Uhr	14.30 Uhr
2. Prüfungsteilnehmer	13.50 Uhr	14.50 Uhr
3. Prüfungsteilnehmer	14.10 Uhr	15.10 Uhr
4. Prüfungsteilnehmer	14.30 Uhr	15.30 Uhr

Nach dem letzten Vortrag zu den Schlüsselqualifikationen beginnt das Prüfungsgespräch der mündlichen Prüfung nach § 26 Abs. 3 SächsJAPO."

VI. Sachsen-Anhalt

Merkblatt für Vortrag und Einzelgespräch in der staatlichen Pflichtfachprüfung der ersten juristischen Prüfung (§ 21 Abs. 3 JAPrVO), herausgegeben vom Ministerium der Justiz des Landes Sachsen-Anhalt, Landesjustizprüfungsamt:[195]

„1. Vorbemerkung

Prüflinge, die nach der Ausbildungs- und Prüfungsverordnung für Juristen (JAPrVO) vom 2.10.2003 (GVBl. LSA S.245, i.d.F. der Berichtigung vom 4.12.2003, GVBl. LSA S.349, geändert durch Verordnung vom 27.2.2006, GVBl. LSA S.70) geprüft werden, haben in der mündlichen Prüfung der staatlichen Pflichtfachprüfung der ersten juristischen Prüfung gemäß § 21 Abs. 1 Satz 2, Abs. 3 JAPrVO einen *Vortrag* zu halten und sich anschließend in einem *Einzelgespräch* den Fragen des Prüfungsausschusses zu ihrem Vortrag zu stellen.

Mit Vortrag und anschließendem Einzelgespräch beginnt die mündliche Prüfung, § 21 Abs. 3 Satz 1 JAPrVO.

<u>Ziel</u> dieser Prüfungsleistung ist, sog. *juristische Schlüsselqualifikationen* zu prüfen. Im Vordergrund – auch für die Bewertung – steht daher nicht allein die rechtliche Qualität der Ausführungen des Prüflings, sondern auch die „Präsenta-

---

[195] http://www.sachsen-anhalt.de/LPSA/fileadmin/Elementbibliothek/Bibliothek_Politik_und_Verwaltung/Bibliothek_MJ/ljpa/merk_vor_mp_pfp.pdf (Stand: Oktober 2007).

tion" seines Vortrags und sein Verhalten in der anschließenden Einzelgesprächsrunde mit der Prüfungskommission. Welche Merkmale juristischer Schlüsselqualifikationen für Vortrag und anschließende Fragerunde bewertungsrelevant sein sollten, ergeben sich aus dem in Anlage beigefügten Bewertungsbogen nebst dortigen Erläuterungen.

2. Ablauf der 30minütigen Vorbereitung

Der erste Prüfling soll um 9.30 Uhr vortragen. Deshalb muss er um 9.00 Uhr mit der 30minütigen Vorbereitung beginnen. Diese findet in einem besonderen Raum unter Aufsicht statt.

Die benötigten Hilfsmittel und Gegenstände sind zu Beginn der Bearbeitungszeit aus einem gesonderten Aufenthaltsraum in den Vorbereitungsraum mitzunehmen. Papier ist in hinreichender Menge vorhanden; eigenes Papier oder eigene Karteikarten dürfen nicht verwendet werden.

Die Aufsichtspersonen stellen sicher, dass der Prüfling nur die in der AV des MJ vom 21.4.2004 (-2230-PA.100 – JMBl. LSA S. 121, i.d.F. der Änderungs-AV vom 13.9.2005, JMBl. LSA S. 333 und der Änderungs-AV vom 2.3.2006, JMBl. LSA S. 41) – Hilfsmittel in den juristischen Staatsprüfungen – zugelassenen Hilfsmittel in den Vorbereitungsraum mitnimmt. Es ist untersagt, andere Gegenstände als die zugelassenen Hilfsmittel, Schreibzeug und Verpflegung in den Vorbereitungsraum mitzunehmen. Taschen, Jacken etc. müssen im Warteraum belassen werden und sind erst nach Abschluss des Prüfungsteils Vortrag dort wieder abzuholen.

Im Vorbereitungsraum erhält der Prüfling von der Aufsichtsperson, die Beginn und Ende der Vorbereitungszeit überwacht und dies in einem Protokoll niederlegt, die Vortragsaufgabe gegen Empfangsbestätigung. Nach Ablauf der Vorbereitungszeit fordert die Aufsichtsperson den Prüfling auf, die Bearbeitung sofort einzustellen. Der Prüfling wird sodann von einem Mitglied des Prüfungsausschusses, von einem Mitarbeiter der Landesjustizverwaltung oder von einer sonst vom Landesjustizprüfungsamt beauftragten Person in den Prüfungsraum geführt.

Toilettengänge sind zwischen der Bearbeitungszeit und dem Beginn des Vortrags nicht vorgesehen. Sollten solche erforderlich sein, sind sie innerhalb der Vorbereitungszeit zu erledigen.

Die weiteren Prüflinge werden in einem zeitlichen Abstand von genau 30 Minuten in den Vorbereitungsraum geführt. Um eine Kontaktaufnahme zwischen den Prüflingen zu verhindern, verbringen die nachfolgenden Prüflinge die Zeit zwischen ihren Vorstellungsgesprächen und dem jeweiligen Beginn der Bearbeitungszeit für den Vortrag unter Aufsicht eines Mitarbeiters der Landesjustizverwaltung oder einer sonst vom Landesjustizprüfungsamt beauftragten Person.

Für die Vorträge ergibt sich daher folgender Zeitplan:

Prüfling	Beginn der Vorbereitung	Beginn des Vortrages	Ende Vortrag einschl. Einzelgespräch
1	9.00 Uhr	9.30 Uhr	9.40 Uhr
2	9.30 Uhr	10.00 Uhr	10.10 Uhr
3	10.00 Uhr	10.30 Uhr	10.40 Uhr
4	10.30 Uhr	11.00 Uhr	11.10 Uhr

Dieser Zeitplan ist aus Gründen der prüfungsrechtlichen Gleichbehandlung aller Prüflinge unbedingt einzuhalten. Eine zeitliche Verzögerung zwischen dem Ende der Vorbereitungszeit und dem Beginn des Vortrags kann, auch wenn dem Prüfling in diesem Zeitraum lediglich die Gelegenheit zum Nachdenken über den zu haltenden Vortrag eingeräumt wird, im Fall der Prüfungsanfechtung eine Wiederholung der gesamten mündlichen Prüfung zur Folge haben.

In der Zeit bis 9.30 Uhr befinden sich bereits zwei Prüflinge in der Vorbereitungsphase. Eine auch nur kurzfristige Verschiebung des Beginns der mündlichen Prüfung ist daher keinesfalls möglich. Stellt ein Mitglied des Prüfungsausschusses fest, dass es aufgrund eines unvorhersehbaren Zwischenfalles zu einer Verspätung – auch nur von wenigen Minuten – kommen wird, so setzt es das Landesjustizprüfungsamt möglichst frühzeitig hiervon fernmündlich in Kenntnis, so dass ein anderes Mitglied des Prüfungsamtes noch rechtzeitig mit der Teilnahme an der mündlichen Prüfung betraut werden kann.

3. Abnahme des Vortrages/Einzelgespräch

Vortrag und Einzelgespräch sollen zeigen, dass der Prüfling in der Lage ist, ein bestimmtes rechtliches Thema anderen Juristen vorzutragen und im Gespräch mit Juristen zu erörtern.

Dem Vortrag soll eine rechtspolitische oder rechtswissenschaftliche Fragestellung zugrunde liegen; die Lösung eines Falles wird nicht verlangt. Sein Gegenstand ist dem Pflichtprüfungsstoff des § 14 JAPrVO zu entnehmen, § 21 Abs. 3 Satz 2 JAPrVO. Eine Wahlmöglichkeit für die Prüflinge, aus welchem/n Rechtsgebiete/en des Pflichtprüfungsstoffes der Vortrag entnommen wird, besteht nicht.

Der Vortrag soll nicht länger als 5 Minuten dauern, § 21 Abs. 3 Satz 5 JAPrVO.

Im Anschluss hieran findet ein bis zu 5minütiges Einzelgespräch des Prüflings mit den Mitgliedern des Prüfungsausschusses statt, in dem der Prüfling Gelegenheit hat, seine Auffassung auf Nachfragen der Prüfer zu erläutern, § 21 Abs. 3 Satz 6 JAPrVO.“

Stichwortverzeichnis

Die Ziffern verweisen auf Randnummern.